여행필수
캄보디아어 회화

저자 **정연창**

- 부산외국어대학교 태국어과 졸업
- 한국외국어대학교 대학원 태국어과 석사
- 한국외국어대학교 대학원 언어인지과학과 박사과정 수료
- 캄보디아 왕립프놈펜대학교 외국인을 위한 크메르어 과정 수료 및 크메르문학과 청강
- 부산지방검찰청 통역자원 봉사위원
- 부산아시아경기대회 교수통역자문단 단원
- 부산아시아경기대회 캄보디아 아타세
- 부산외국어대학교 어문학연구소 연구원
- 현 부산외국어대학교 동양어대학 태국어과 강사

여행필수 캄보디아어 회화

초판 3쇄 인쇄 2008년 7월 5일 / 초판 3쇄 발행 2008년 7월 10일
편저 정연창 / 발행인 서덕일 / 발행처 도서출판 문예림
출판등록 1962년 7월 12일 제 2-110호
주소 : 서울 광진구 군자동 1-13호 문예하우스 101호
전화 : 02-499-1281~2 / 팩스 : 02-499-1283
http://www.bookmoon.co.kr / E-mail : book1281@hanmail.net

· 잘못된 책은 구입하신 서점에서 교환하여 드립니다.

ISBN 89-7482-237-7(13790)

머리말

역사상 유래가 없었던 잔인한 크메르루즈 정권이 몰락된 1975년 이후 캄보디아는 국가 재건을 위한 토대를 마련하고 있으며, 특히 90년대말부터 본격적으로 박차를 가하고 있다. 현재 캄보디아는 우리나라와는 정치적, 경제적, 문화적 상호관계가 급격히 증가일로에 있으며, 향후 더 많은 상호 교류가 이루어질 것이라고 확신한다. 또한, 양국간의 교류와 협력이 점점 활기를 보임에 따라서 상호간의 의사소통 도구인 캄보디아어에 대한 필요성이 부각되고 있다.

프랑스의 식민지배로 인해 캄보디아인의 중장년층에서는 프랑스어를 구사할 줄 아는 사람이 많으나, 젊은층에서는 프랑스어 보다는 영어가 부분적으로 통용된다. 하지만, 국민 대부분은 영어에 능통하지 않은 실정이다. 그래서 캄보디아 사회와 문화를 더욱 더 잘 이해하고 체험하려면 그들의 언어인 캄보디아어를 최소한이나마 알고 사용하는 것이 요구될 것이다.

이 책자는 사업, 선교, 여행 등의 다양한 목적으로 캄보디아를 방문하는 사람들이 캄보디아어에 대한 사전 지식 없이도 활용할 수 있도록 일반 사항과 여러 장소와 상황별로 문형과 어휘를 예시하였다. 이 책의 목록을 이용하여 해당 항목을 찾아 필요한 표현을 한다면 큰 불편 없이 의사소통이 가능할 것이고, 체류 기간동안 캄보디아인들이 더욱 더 친절히 대해 줄것이라고 확신한다.

끝으로 이 책이 출판될 수 있도록 도와 주신 김홍구 교수님, 최재현 교수님, 힘든 교정 작업에 도움을 주신 주한 캄보디아 대사관 직원, 이 책이 조속히 출판될 수 있도록 독려해 주신 경남정보대학 일본어과의 안수현 연구교수님께 감사드리며, 캄보디아어편 여행 필수 회화 책자를 발간을 해 주신 도서출판 문예림의 서덕일 사장님께도 이 자리를 빌어 감사드립니다.

차례

- **캄보디아어**
  - 캄보디아 ·············· 8
  - 발음과 특징 ············ 9

- **캄보디아어 회화**
  - Ⅰ. 일상회화
    - 1. 인사 ················ 16
    - 2. 질문 ················ 19
    - 3. 대답 ················ 22
    - 4. 감사 ················ 26
    - 5. 사과, 유감의 표시 ···· 29
    - 6. 문의 ················ 32
    - 7. 소개 ················ 36
    - 8. 직업 ················ 41
    - 9. 가족 ················ 44
    - 10. 일상생활 ··········· 47
    - 11. 날씨 ··············· 50
    - 12. 방문 ··············· 53

Ⅱ. 상황회화

1. 공항
비행기 여행 ················· 62
환전 ················· 70
공항에서 호텔까지 ················· 72

2. 숙박(호텔)
체크 인 ················· 76
룸 서비스 ················· 81
체크 아웃 ················· 85

3. 교통
길을 물을 때 ················· 90
버스를 탈 때 ················· 93
택시를 탈 때 ················· 98
기차를 탈 때 ················· 104

4. 식당
캄보디아 음식 ················· 116

캄보디아 과일 ································ 118

5. 관광
시내 관광 ································ 122
지방 여행 ································ 127
사진 ······································ 130

6. 레저, 스포츠
영화 ······································ 133
텔레비전 ································ 135
스포츠 ···································· 138

7. 쇼핑
일반 사항 ································ 143
선물판매점에서 ························ 147
의류점에서 ······························ 149
화장품점에서 ·························· 153
시장에서 ································ 156

8. 우체국
   우편 159
   전화 162
   팩스 171

9. 병원 172

10. 도난, 분실 181

11. 교통사고 184

캄보디아

캄보디아(Cambodia) 혹은 캄보디아 왕국(Kingdom of Cambodia)은 앙코르 시대(9~14세기)에 현재의 캄보디아 영토 뿐만 아니라 베트남, 라오스, 태국까지 지배했던 강력한 크메르 제국의 영광의 역사를 가지고 있다. 당시 제국의 영화는 세계 7대 불가사의의 하나로 꼽히고 전설적인 앙코르 왓 유적에서 볼 수 있다. 밀림 한 가운데 자리잡은 이 놀라운 유적은 프놈펜에서 육로, 수로와 더불어 비행기로 접근할 수 있다.

21세기가 시작된 현재까지도 캄보디아는 지난 20여년 동안의 전쟁 후유증에서 아직 완전히 벗어나지 못했으며 현재 회복기에 있다. 특히 크메르루즈의 4여년 간의 통치 기간에는 자본주의 경제논리를 전면적으로 폐지하고 대량학살이 자행되어 약 200만명이 목숨을 잃었으며, 혁명 전에 존재했던 캄보디아의 모든 문화가 완전히 파괴되는 결과를 초래했다. 가장 급진적인 공산사회의 창조를 위하여 수많은 국민들이 희생되었다. 이러한 대학살로 서방세계에 알려진 캄보디아의 비극은 국제적인 문제로 비화되었다. 크메르루즈정권이 없어진 지 20여년이 지난 현재 캄보디아는 국가재건을 위하여 다양한 방면에서 변화가 일어나고 있고 있다. 현재 캄보디아는 훈 센총리가 수상으로 국가발전에 박차를 가하고 있다.

- 정치 체제 : 입헌군주제
- 국왕 : 노로돔 시하누크왕
- 수상 : 훈 센
- 수도 : 프놈펜
- 인구 : 1,300만명
- 면적 : 18만 1,035㎢
- 화폐 : 리엘(Riel)
- 캄보디아의 공식어 : 캄보디아어 또는 크메르어
- 기후 : 전형적인 열대몬순기후로 연중 고온다습한 날씨로 5월~10월이 우기, 11월~4월이 건기이다.
- 종교 : 상좌부 불교

발음과 특징

캄보디아어(Cambodian) 또는 크메르어(Khmer)는 언어 계통으로 볼 때, 오스트로아시아(Austroasiatic family)어족의 몬-크메르어군(Mon-Khmer)에 속하며, 크메르어 사용자는 1천만명 이상이며, 대표적인 이 어군의 언어에 속한다.

1. 자음

캄보디아어 자음문자는 33자로 다음과 같다.
첫 음소가 각 자음의 음가이다.

ក	꺼:	ត	터:
ខ	커:	ធ	또:
គ	꼬:	ថ	토:
ឃ	코:	ន	노:
ង	응오:	ប	버:
ច	쩌:	ផ	퍼:
ឆ	처:	ព	포:
ជ	쪼:	ម	모:
ឈ	초:	យ	요:
ញ	뇨:	រ	로:
ដ	더:	ល	로: lɔ:
ឋ	터:	វ	워오: vɔ:^{주)}
ឌ	도:	ស	써:
ឍ	토:	ហ	허:
ណ	너:	ឡ	러:
ត	떠:	អ	어:

주) vɔ:는 편의상 워오=표기했으나 발음시 워오=를 한음절로 발음해야 한다.

아래 표에서 표시된 부분의 자음은 "어"계열의 자음이고 그 밖의 자음은 "오" 계열의 자음이다. 조음위치에 따른 행을 중심으로 하여 캄보디아어 자음문자와 받침자로 사용되는 캄보디아어 각문자와 각 자음의 음가가 나타나 있다.

꺼: 행	캄보디아어 자음문자	ក	ខ	គ	ឃ	ង
	캄보디아어 각문자	្ក	្ខ	្គ	្ឃ	្ង
	음가	꺼:	커:	꼬:	코:	응오:
쩌: 행	캄보디아어 자음문자	ច	ឆ	ជ	ឈ	ញ
	캄보디아어 각문자	្ច	្ឆ	្ជ	្ឈ	្ញ
	음가	쩌:	처:	쪼:	초:	뇨:
더: 행	캄보디아어 자음문자	ដ	ឋ	ឌ	ឍ	ណ
	캄보디아어 각문자	្ដ	្ឋ	្ឌ	្ឍ	្ណ
	음가	더:	터:	도:	토:	너:
떠: 행	캄보디아어 자음문자	ត	ថ	ទ	ធ	ន
	캄보디아어 각문자	្ត	្ថ	្ទ	្ធ	្ន
	음가	떠:	터:	또:	토:	노:
뻐: 행	캄보디아어 자음문자	ប	ផ	ព	ភ	ម
	캄보디아어 각문자	្ប	្ផ	្ព	្ភ	្ម
	음가	버:	퍼:	뽀:	포:	모:
나머지 행	캄보디아어 자음문자	យ	រ	ល	វ	ស
	캄보디아어 각문자	្យ	្រ	្ល	្វ	្ស
	음가		써:	허:	요:	로:	로:
	캄보디아어 자음문자	ហ	ឡ	អ		
	캄보디아어 각문자	្ហ	្ឡ	្អ		
	음가	러:	어:	워오: /vo:/		

2. 모음

캄보디아어의 모음은 "어" 계열의 자음 또는 "오" 계열의 자음과 결합시 상이한 발음이 난다.

모음 문자	"어" 계열의 음가	"오" 계열의 음가	모음 문자	"어" 계열의 음가	"오" 계열의 음가
◌	어:	오:	េី	이어	이어
◌ា	아:	이:어	េ	에이	에:
◌ិ	에	이	ែ	아에	애:
◌ី	어이	이:	ៃ	아이	으이
◌ឹ	어	으	េា	아오	오:
◌ឺ	어으	으:	េៅ	아우	으우
◌ុ	오	우	◌ំ	옴	움
◌ូ	오:	우:	◌ះ	엄	움
◌ួ	우어	우어	◌ាំ	암	오엄
េី	아어	어:	◌ះ	아ㅎ*	애어ㅎ*
េឿ	으어	으어			

* 아ㅎ와 에아ㅎ는 캄보디아어의 발음상 기음 /-h/ 음이 동반되기 때문으로 'ㅎ'를 적음.

3. 캄보디아어 읽는 방법

(1) 각각의 자음에는 "어" 음과 "오" 음이 부과되어 있다.

ក 는 "어" 계열의 자음으로 꺼:로 읽는다.
គ 는 "오" 계열의 자음으로 꼬:로 읽는다.

(2) 자음과 모음이 결합되어 있는 경우로 "어" 계열과 "오" 계열의 자음에 따라 모음의 발음이 변한다.

តា: [따:]로 읽으며 ត 는 "어" 계열의 자음으로 ㄸ와 모음 ា[아:]가 결합된 단어이다.
ត [t] + -ា[a:]

ទា: [띠:어]로 읽으며 ទ 는 "오" 계열의 자음으로 ㄸ와 모음 ា[이:어]가 결합된다.
ទ [t] + -ា[i:ə]

(3) 주의하여 읽어야 할 부분

បា 는 [ba:]로 읽으며, ប [b]와 -ា[a:]의 변형된 형태이다.

បៅ 는 [bao]로 읽으며, ប [b]와 ៅ-ា[ao]의 변형된 형태이다.

សី [si:]로 읽으며, សុី 는 ស[s], -ឹ[?ry], -ុ[u]로 결합된 것으로 សី가 변형된 형태이다.

I 일상회화

1. 인사

인사

안녕하십니까?

សួស្ដីបាទ!

쑤어 쓰더이 밧

어떻게 지내세요?

សុខសប្បាយជាទេ

쏙쌉바이 찌어 떼

어떻게 지내세요?

បាទ ខ្ញុំសុខសប្បាយជាធម្មតា អរគុណបាទ!

밧 크놈 쏙쌉바이 찌어 떼

그러면 당신은요?

ហើយចុះចំណែកអ្នកវិញ

하어이 쪼 쩜나엑 네어 윈

저도 편안합니다.

ខ្ញុំក៏សុខសប្បាយដែរ

크놈 꺼 쑥쌉바이 다에

이름

ឈ្មោះ

츠무어

합장하여 인사하다.

សំពះ

썸 빼어

당신의 이름은요?

អ្នកឈ្មោះអ្វី?

네어 츠무어 어워이

제 이름은 쏘카입니다.

ខ្ញុំឈ្មោះសុខា

크놈 츠무어 쏘카

저 먼저 실례하겠습니다.

ខ្ញុំ (នាងខ្ញុំ) លាលោកសិនហើយ

크놈 (니엉크놈) 리어 록 썬 하어이

먼저 가겠습니다.
សុំលាសិនហើយ បាទ
쏨 리어 썬 하어이 밧

그럼 또 뵙겠습니다.
ហើយជួបគ្នាជាថ្មី ចាស
하어이 쭈업 크니어 찌어 트머이 짜

죄송합니다만, 저 먼저 가겠습니다.
សុំទោសបាទ, ខ្ញុំសុំលាទៅមុនហើយ
쏨 또 밧 크놈 리어 뜨우 문 하어이

2. 질문

당신은 어디에서 근무하십니까?

លោកធ្វើការនៅកន្លែងណា បាទ (បាស)

록 트워 까 느우 껀라엥 나 밧 (짜)

나이는 몇 살 입니까?

លោកអាយុប៉ុន្មាន បាទ?

록 아유 뽄만 밧

나이는 32살 입니다.

ខ្ញុំអាយុ ៣២ ឆ្នាំ

크놈 아유 쌈썹삐 츠남

당신을 만나서 기쁩니다.

រីករាយណាស់ដែលបានជួបអ្នក

릭리어이 나 다엘 반 쭈업 네어

얼마입니까?

ប៉ុន្មានបាទ?

쁜만 밧

몇 시 입니까?

ម៉ោងប៉ុន្មានហើយ?

마옹 쁜만 하어이

어디 가십니까?

ទៅណាបាទ?

뜨우 나 밧

언제?

ពេលណា?

뻴나

한국어를 할 줄 아십니까?

និយាយភាសាកូរ៉េបានទេបាទ?

니이어이 피어싸 꼬레 반 떼 밧

조금 할 줄 압니다.

និយាយបានតិចតួច

니이어이 반 뙷 뚜엇

이것은 무엇입니까?

នេះជាអ្វីបានទ?

니 찌어 어워이 밧

그것은 꽃입니다.

នោះ(ជា)ផ្កា

누(찌어) 프까

그분은 누구입니까?

ម្នាក់នោះ(ជា)នរណា?

므네어 누(찌어) 노나

질문

3. 대답

그렇습니다.

មែនបាទ (ចាស)

맨 밧 (짜)

그렇지 않습니다.

មិនមែន បាទ (ចាស)

믄 맨 밧 (짜)

좋습니다.

ល្អហើយបាទ

르어 하어이 밧

알았습니까?

យល់ទេបាទ?

유얼 떼 밧

네 알았습니다.

បានយល់ហើយ

밧 유얼 하어이

안됩니다.

មិនបានទេ

믄 반 떼

물론입니다.

ពិតប្រាកដ

쁫 쁘라껏

동의합니다.

យល់ព្រម

유얼 쁘롬

대답하다.

ឆ្លើយ

출라어이

아니오.

អត់ទេ

엇 떼

괜찮습니다. 천만에요.

មិនជាអ្វីទេ

믄 찌어 어워이 떼

모르겠습니다 (이해가 안됩니다).

មិនយល់ទេ

믄 유얼 테

좀 크게 말씀해 주십시오.

សុំនិយាយខ្លាំងៗបន្តិច

쏨 니이어이 클랑 클랑 번 뗏

당신 마음대로 하세요.

ស្រេចតែអ្នក

쓰렛 따에 네어

됩니다(좋습니다).

បានបាទ

반 밧

염려하지 마세요.

មិនចាំបាច់ព្រួយបារម្មណ៍

믄 짬밪 뿌루어이 바롬

매우 좋아요.

ល្អណាស់

르어 나

그 사람을 압니까?

(អ្នក) ស្គាល់គេទេ?

(네어) 쓰꼬얼 께 떼

모릅니다.

មិនស្គាល់ទេ

믄 쓰꼬얼 떼

좀 천천히 말씀해 주세요.

និយាយយឺតៗបន្តិច

니이어이 여읏여읏 번 뗏

잠시만 기다려 주세요.

ចាំមួយភ្លែត

짬 무어이 플랫

당신 말씀이 맞습니다.

អ្នកនិយាយត្រូវ

네어 니이어이 뜨로우

4. 감사

고맙습니다.
អរគុណ បាទ (ចាស)
어 꾼 밧 (짜)

대단히 감사합니다.
អរគុណច្រើន បាទ (ចាស)
어 꾼 쯔라언 밧 (짜)

천만에 말씀입니다.
មិនជាអ្វីទេបាទ
믄 찌어 어워이 밧

매우 감사 드립니다.
សុំអរគុណច្រើនណាំបាទ
쏨 어 꾼 쯔라언 나 밧

미리 앞서 감사 드립니다.

សុំអរគុណទុកជាមុន

쏨 어 꾼 뚝 찌어 문

됐어요(충분해요).

ល្មមហើយបាទ

르몸 하어이 밧

너무 기뻐요.

សប្បាយចិត្តខ្លាំងណាស់

쌉바이 쩟 클랑 나

정말이에요?

ពិតមែនឬបាទ

뽓 맨 르 밧

아주 예뻐요.

ល្អណាស់

르어 나

일부러 방문해 주셔서 감사 드립니다.

អគុណច្រើនណាស់ដែលបានអ្នកមករកខ្ញុំ

어꾼 쯔라언 나 다엘 반 네어 목 록 크놈

축하합니다.
សុំសំដែងក្ដីរីករាយជំង បាទ (ចាស)
쏨 썸다엥 끄더이 릭리어이 펑 밧 (짜)

당신이 시험에 합격해서 기쁩니다.
ខ្ញុំរីករាយជំងដែលអ្នកបានប្រលងជាប់
크놈 릭리어이 펑 다엘 네어 반 쁘러렁 쪼업

고마워!
អរគុណ
어꾼

염려해 주셔서 감사합니다.
អរគុណណាស់ដែលព្រួយបារម្ភ
어꾼 나 다엘 쁘루어이 바롬

5. 사과·유감의 표시

미안합니다.

សុំទោស បាទ (ចាស)

쏨 또 밧 (짜)

정말 죄송합니다.

សុំទោសច្រើនបាទ (ចាស)

쏨 또 쯔라언 밧 (짜)

천만에요(괜찮습니다).

មិនអ្វីទេ បាទ (ចាស)

믄 어워이 밧 (짜)

늦게 와서 죄송합니다.

សុំទោសដែលបានមកយឺត បាទ (ចាស)

쏨 또 다엘 반 목 여읏 밧 (짜)

폐를 끼쳐서 죄송합니다.

សុំទោសដែលបានមករំខាន បាទ

쏨 또 다엘 반 목 룸칸 밧

용서하세요.

សុំអភ័យទោស បាទ

쏨 어프이 또 밧

제발, 어서

ករុណា

까루나

제발 용서해 주세요.

ករុណាលើកទោសអោយខ្ញុំផង បាទ

까루나 럭 또 아오이 크놈 펑 밧

괜찮습니다.

មិនជាអ្វីទេ

믄 찌어 어워이 떼

제발 염려하지 마세요.

ករុណាកុំព្រួយបារម្ភអ្វី បាទ

까루나 꼼쁘루어이 바롬 어워이 밧

유감(슬픔)을 표명합니다.

សុំសមដែងភាពសោកស្តាយដែរ បាទ (ចាស)

쏨 썸 다엥 피업 싸옥싸다이 다에 밧 (짜)

그분이 안 계셔서 유감입니다.

សោកស្តាយដែលគាត់មិននៅ

싸옥싸다이 다엘 꼬엇 믄 느우

사과 · 유감의 표시

6. 문의

미안하지만, 이것은 크메르어로 뭐라고 합니까?

សុំទោសនេះភាសាខ្មែរគេហៅអ្វី

쏨 또 니 피어싸 크마에 께 하우 어워이

다시 한번 말씀해 주시겠습니까?

សុំនិយាយម្តងទៀតបានទេបាទ

쏨 니이어이 므덩 띠엇 반 떼 밧

좀 천천히 말씀해 주세요.

សុំមេត្តានិយាយយឺតៗបន្តិចបានទេ បាទ (ចាស)

쏨 메따 니이어이 여읏여읏 번텟반 떼 밧 (짜)

잠시만 기다려 주세요.

សុំមេត្តាចាំមួយសន្ទុះ បាទ

쏨 메따 짬 무어이 썬토 밧

폐 좀 끼치겠어요.

រំខានបន្តិចហើយ

룸칸 번뎃 하어이

또 오세요.

អញ្ជើញមកជាថ្មី បាទ

어쩐 목 찌어 트머이 밧

여보세요(부를때)?

លោក បាទ (បាស)

록 밧 (짜)

(전화에서)여보세요?

អាល់ឡូ

알로

길 좀 비켜 주세요.

សុំផ្លូវបន្តិចណាលោក

쏨 플로우 번뗏나 록

금방 가지 마세요.

កុំអាលទៅណា បាទ

꼼 알 뜨우 나 밧

전화 좀 사용할 수 있을까요?

សុំប្រើទូរស័ព្ទបន្តិចបានទេ?

쏨 쁘라어 뚜러쌉 번 띶 반 떼

제가 먼저 실례해야 될 것 같습니다.

ខ្ញុំគិតថានឹងសុំលាសិនហើយ

크놈끗 타 능 쏨 리어 썬 하어이

죄송하지만 호텔로 저를 태우러 와 주세요.

ករុណាមកទទួលខ្ញុំនៅឯសណ្ឋាគារផងណា

까루나 목 또뚜얼 크놈너우 아에 썬타끼어 펑 나

만나다.

ជួប

쭈업

소개하다.

ណែនាំ

나에노엄

부탁하다.

ផ្ញើ

프아어

교수님

គ្រូ

끄루

쎄으언씨를 만날 수 있을까요?

សុំជួបលោកសេ អឿនបានទេ បាទ

쏨 쭈업 록 쎄으언 반 떼 밧

어서 들어오세요.

អញ្ជើញខាងក្នុងណា ចាស

언쩐 캉 끄농 나 짜

이우 짠 교수님께 안부 전해 주세요.

សុំផ្ញើក្តីនឹករលឹកដល់លោកគ្រូ អ៊ីវ ច័នធងបាទ

쏨 프야어 끄더이 늑로륵 덜 록 끄루 이우 짠 펑 밧

편한 대로 하세요.

អញ្ជើញតាមសប្បាយចុះណា បាទ

언쩐 땀 쌉바이 쪼나 밧

7. 소개

안녕하십니까? 끔 쏙씨

សួស្ដីលោក គឹម សុខ

쑤어쓰더이 록 꼼쏙

이분이 제 친구 정입니다.

នេះគឺលោក ចង.មិត្តភក្តិរបស់ខ្ញុំ

니 끄 록 쩡 멋페아 로버 크놈

안녕하십니까? 제 이름은 이우 짠입니다.

សួស្ដី, ខ្ញុំឈ្មោះអ៊ីវ ច័ន

쑤어쓰더이 크놈 츠무어 이우 짠

프놈펜항공에 근무하고 있습니다.

ខ្ញុំធ្វើការនៅអាកាសចរណ៍ភ្នំពេញ

크놈 트워까 느우 아까싸쩌 프놈뻰

알게되어 반갑습니다.
រីករាយណាស់ដែលបានស្គាល់លោក
릭리어이 나 다엘 반 쓰꼬얼 록

압니다.
ស្គាល់
쓰꼬얼

모릅니다.
មិនស្គាល់
먼 쓰꼬얼

소개하다.
ណែនាំ
나에 노엄

결혼하다.
រៀបការ
리업까

저도 마찬가지입니다.
ខ្ញុំក៏ដូចគ្នាដែរ
크놈 꺼 돛 끄니어 다에

(당신의) 집은 어디에 있습니까?

ផ្ទះ (អ្នក) នៅឯណា?

프떼아 느우 아에 나

무니웡대로에 있습니다.

នៅឯមហាវិថីព្រះមុនីវង្ស

느우 아에 모하위테이 프레아 무니웡

실례지만 당신은 결혼을 하셨습니까?

សុំទោសលោករៀបការហើយឬនៅ?

솜똣 록 리업까 하어이 르 느우

아직요.

នៅទេ, បាទ

느우 떼 밧

좋아하다.

ចូលចិត្ត

쫄찟

사랑하다.

ស្រលាញ់

쓰러란

캄보디아어(크메르어)

ភាសាខ្មែរ

피어싸 크마에

한국어

ភាសាកូរ៉េ

피어싸 꼬레

태국어

ភាសាថៃ

피어싸 타이

끔 쏙씨 왓프놈에 가본적이 있으세요?

លោក គឹម សុខធ្លាប់ទៅទី វត្តភ្នំ ឬទេ?

록 끔 쏙트로업 뜨우 띠 워왓프놈 르 떼

아직 못 가봤어요. 매우 가보고 싶어요.

មិនដែលទេ. ខ្ញុំចង់ទៅណាស់

믄 다엘 떼 크놈 쫑 뜨우 나

당신은 캄보디아어를 할 줄 아세요?

លោកនិយាយភាសាខ្មែរបានទេ?

록 니이어이 피어싸 크마에 반 떼

할 수 있습니다. 그러나 유창하지는 못합니다.

បាទបានតែមិនសូវស្ទាត់ទេបាទ

밧 반 따에 믄 쏘우 쓰토엇 떼 밧

프놈펜에 오랫동안 머무르실 겁니까?

អ្នកមកសំរាកនៅឯ ភ្នំពេញ យូរទេ

네어 목 썸라 느우 아에 프놈뻰 유 떼

8. 직업

당신은 어디에서 근무하십니까?

លោក ធ្វើការនៅឯណា?

록 트워까 느우 아에 나

저는 건설회사에서 근무합니다.

ខ្ញុំធ្វើការនៅឯក្រុមហ៊ុនសំណង់

크놈 트워까 느우 아에 끄롬 훈 썸넝

당신은 해외에서 근무한 적이 있습니까?

អ្នកធ្លាប់ធ្វើការនៅប្រទេសក្រៅទេ?

네어 트로업 트워까 느우 쁘러떼 끄라우 떼

있습니다. 싱가포르에서 근무했습니다.

ធ្លាប់បាទ, ធ្វើការនៅឯសិង្ហបុរី

트로업 밧 트워까 느우아에 씽하보러이

당신의 아버지는 무슨 직업을 갖고 계십니까?

លោកឪពុករបស់អ្នកមានមុខរបរអ្វី

록 어우뿍 로버 네어 미언 묵로버 어워이

사무실

កន្លែងធ្វើការ

껀라엥 트워 까

월급

ប្រាក់ខែ

쁘락카에

직위

ទំណែង

뚬나엥

이력서

ប្រវត្តិរូបផ្ទាល់ខ្លួន

쁘러 룹퍼또얼클루언

그 분은 공무원입니다.

លោកជាមន្ត្រីរាជការ

록 찌어 몬뜨러이 리읒까

캄보디아 사람은 공무원을 명예로운 직종이라고 여깁니다.

ជនជាតិខ្មែរជឿថាការងាររាជការជាការងារដែលមានកិត្តិយស

쭌언 찌엇 크마에 쯔어 타 까응이어 리엊까 찌어 까응이어 다엘 미언 끼띠유어

당신은 전공으로 무엇을 했습니까?

អ្នករៀនអ្វីជាមុខជំនាញ?

네어 리언 어워이 찌어 쭘니언

외국어를 공부했습니다.

រៀនភាសាបរទេស

리언 피어싸 버러떼

외국어를 알면 취직할 때 유리합니다.

ប្រសិនបើចេះភាសាបរទេសនឹងមានអទ្ធិភាពពេលរកការងារធ្វើ

쁘러썬바어 쩨 피어싸 버러떼 능 미언 앗테피업뻴록 까 응이어 트워

9. 가족

실례지만 자녀가 있으십니까?

សុំទោស, លោកមានកូនហើយឬនៅ?

쏨또 록 미언 꼰 하어이 르 느우

있습니다.

មានហើយបាទ

미언 하어이 밧

몇 명입니까?

មានប៉ុន្មាននាក់បាទ?

미언 뽄만 네어 밧

두명입니다. 아들하나, 딸하나.

មានពីរនាក់កូនប្រុសម្នាក់កូនស្រីម្នាក់

미언 삐 네어 꼰 쁘로 므네어 꼰 쓰러이 므네어

장남은 몇 살입니까?

កូនច្បងអាយុប៉ុន្មានបាទ?

끈 쯔벙 아유 쁜만 밧

형, 오빠

បងប្រុស

벙쁘로

누나, 언니

បងស្រី

벙쓰러이

남동생

ប្អូនប្រុស

쁘온쁘로

여동생

ប្អូនស្រី

쁘온 쓰러이

스무살로 대학 1학년 입니다.

២០ឆ្នាំបានរៀននៅមហាវិទ្យាល័យឆ្នាំទី១

므퍼이 츠남 밧 리언 느우 모하위티야라이 츠남 띠 무어이 당신의 아버님은 살아 계십니까?

លោកឪពុកអ្នកនៅរស់នៅឡើយទេប្ញ?

록 어우뿍 네어 느우 루어 느우 라어이 떼 르

네, 아직 살아 계십니다.

បាទគាត់នៅរស់នៅឡើយទេ

밧 꼬앗 느우 루어 느우 라어이 떼

당신의 어머님은 무엇을 하십니까?

អ្នកម្ដាយរបស់អ្នកធ្វើការអ្វី?

네어 마다이 로버 네어 트워까 어워이

주부입니다.

ជាមេផ្ទះ

찌어 메프떼아

10. 일상생활

하루 하루 당신은 무엇을 합니까?

មួយថ្ងៃៗលោកធ្វើការងារអ្វីខ្លះ?

무어이 틍아이 무어이 틍아이 록 트워 까 응이어 어워이 클라

저는 여러가지를 합니다.

ខ្ញុំធ្វើការច្រើនយ៉ាងណាស់

크놈 트워까 쯔라언 양 나

당신은 몇시에 출근합니까?

អ្នកទៅធ្វើការម៉ោងប៉ុន្មានបាទ?

네어 뜨우 트워 까 마옹 뽄만 밧

저는 아침 8시에 출근합니다.

ខ្ញុំទៅធ្វើការម៉ោង៨ព្រឹក

크놈 뜨우 트워 까 마옹 프람버이 쁘륵

그럼 몇시에 일어납니까?

អញ្ចឹងអ្នកភ្ញាក់ពីដំណេកនៅម៉ោងប៉ុន្មាន?

언쯩 네어 프낙 삐 덤넥 느우 마옹 뽄만

신문을 보다.

អានកាសែត

안 까싸엣

휴식하다.

ឈប់សំរាក

춥썸라

TV를 보다.

មើលទូរទស្សន៍

멀 뚜러뚜워

시장 보러 가다.

ទៅផ្សារ

뜨우 프싸

보통 새벽 5시에 일어납니다.

តាមធម្មតាខ្ញុំភ្ញាក់ពីដំណេកនៅម៉ោង ៥ ព្រឹក

땀 토엄머다 크놈 프낙 삐 덤넥 느우 마옹 쁘람 쁘럭

어제는 몇 시에 업무를 끝냈습니까?

ចេញធ្វើការម៉ោងប៉ុន្មានកាលពីម្សិលមិញនេះ?

쩬 트워 까 마옹 뽄만 깔 삐 므썰믄 니

대략 6시쯤 업무를 끝냈습니다.

ខ្ញុំចេញពីធ្វើការប្រហែលម៉ោង ៦ល្ងាច

크놈 쩬삐 트워 까 쁘러하엘 마옹 쁘람무어이 릉이엇

저녁 늦게는 무엇을 하십니까?

ពេលល្ងាចលោកធ្វើអ្វីខ្លះបាទ?

뻴 르응이엇 록 트워 어워이 클라 밧

체력 단련을 좀하고 목욕을 합니다.

ខ្ញុំហាត់ប្រាណបន្តិចបន្តុចហើយក៏ងូតទឹក

크놈 핫 쁘란 번텟번뚜엇 하어이 꺼 응옷 뜩

11. 날씨

날씨가 어떻습니까?

អាកាសធាតុយ៉ាងម៉េចដែរ?

아까쎄티엇 양 멪 다에

정말로 좋은 날씨입니다.

អាកាសធាតុល្អណាស់

아까쎄티엇 르어 나

지난 2, 3일은 날씨가 매우 변덕스러웠습니다.

ពីរបីថ្ងៃនេះអាកាសធាតុផ្លាស់ប្ដូរណាស់

삐 버이 틍아이니 아까쎄티엇 플라 쁘도우 나

당신은 어떤 계절을 가장 좋아하십니까?

អ្នកចូលចិត្តរដូវអ្វីបំផុត?

네어 쫄쩻 로도우 어워이 범폿

저는 봄을 좋아합니다.

ខ្ញុំចូលចិត្ត និទាយរដូវ

크놈 쫄찟 니띠어케아 로도우

계절

រដូវ

로도우

날씨

អាកាសធាតុ

아까쎄티엇

비

ភ្លៀង

플리엉

바람

ខ្យល់

크열

캄보디아에는 계절이 몇 계절 있습니까?

ក្នុងប្រទេសកម្ពុជាប៉ុន្មានរដូវ?

끄농 쁘러테 깜뿌찌어 뽄만 로도우

2계절인데 우기와 건기가 있습니다.
មាន ២ រដូវគឺ: រដូវភ្លៀង រដូវប្រាំង
미언 삐 로도우 끄 로도우플리엉 로도우쁘랑

여기는 비가 많이 옵니까?
ទីនេះមានភ្លៀងធ្លាក់ច្រើនទេ?
띠 니 미언 플리엉 틀레어 쯔라언 떼

오늘 아침에 폭우가 쏟아졌어요.
ព្រឹកនេះភ្លៀងធ្លាក់ច្រើនណាស់
쁘륵니 플리엉 틀레어 쯔라언 나

오늘은 날씨가 꽤 덥습니다.
ថ្ងៃនេះអាកាសធាតុក្ដៅណាស់
틍아이니 아까써티엇 끄다우 나

날
씨

52

12. 방문

안녕하세요? 키엉씨 계십니까?

សួស្ដីបាទ, លោក យាងនៅឬទេ?

쑤어쓰더이 밧 록 키엉 느우 르 떼

계세요. 어서 들어 오세요.

នៅចាស, អញ្ជើញចូលខាងក្នុង

느우 짜 언쩐 쫄 캉 끄농

키엉씨 별고 없으세요?

លោក.យាងសុខសប្បាយជាទេ?

록 키엉 쏙쌉바이 찌어 테

예, 무고합니다. 어서 앉으세요.

បាទខ្ញុំសុខសប្បាយទេ, អញ្ជើញអង្គុយលេង

밧 크놈 쏙쌉바이 떼 언쩐 엉꾸이 렝

이 사람이 제 아내이고, 이 애가 제 아들입니다.

នេះភរិយាខ្ញុំ និង នេះកូនប្រុសខ្ញុំ

니 패어리이어 크놈 능 니 꼰 쁘로 크놈

방문하러 가다

ទៅសួរសុខទុក្ខ

뚜우 쑤어 쏙뚝

즐겁다, 재미있다

សប្បាយណាស់

쌉바이 나

소개하다

ណែនាំ

나에노엄

명함

នាមប័ណ្ណ

니엄반

무엇을 좀 마시겠습니까?

ចង់ផឹកអ្វីខ្លះ

쩡 퍽 어워이 클라

정선생님은 맥주를 마셔본 적이 있으세요?

លោកចងផ្លាប់ផឹកស្រាប្យេរទេ?

록 쩡 틀로업 퍽 쓰라비어 떼

있습니다. 저는 맥주를 아주 즐겨 마십니다.

ផ្លាប់, ខ្ញុំចូលចិត្តផឹកស្រាប្យេរណាស់

틀로업 크놈 쫄쩟퍽 쓰라비어 나

그럼 소다수와 얼음을 넣을까요?

អញ្ចឹងដាក់សូដា និង ទឹកកកទេ?

언쩡 다 쏘다 능 뜩꺼 떼

저는 위스키 한잔을 주십시요.

ខ្ញុំសូមវីស្គីមួយកែវផង

크놈 쏨 위쓰끼 무어이 까에우 펑

이거 변변치 않은 선물입니다.

នេះរបស់ផ្ញើរបន្តិចបន្តួច

니 로버 프야어 번텟 번뚜엇

오늘은 우선 이정도로 폐를 끼치는게 좋겠습니다.

ថ្ងៃនេះខ្ញុំរំខានត្រឹមប៉ុន្នេះបានហើយ

틍아이니 크놈 룸칸 뜨럼뽄니 반 하어이

방문

어디 급히 가시려구요? 좀 더 계시지요.

តើប្រញាប់ទៅណា? នៅបន្តិចបន្ទូចទៀតបានទេ?

따어 쁘러얍 뜨우 나 느우 번텟번뚜엇 띠엇 반 떼

매우 감사합니다만, 밤이 늦었습니다.

អរគុណច្រើន យប់ជ្រៅហើយ

어꾼 쯔라언 욥 쯔르우 하어이

다음날 저희 집에도 좀 놀러오세요.

បាទ, ថ្ងៃក្រោយអញ្ជើញមកលេងផ្ទះខ្ញុំផង

밧 틍아이 끄라오이 언쩐 목 렝 프떼아 크놈 펑

시간 있으세요?

ទំនេរទេ?

뚬네 떼

시간 없어요.

មិនទំនេរ

믄 뚬네

약속이 있어요.

ជាប់ណាត់ហើយ

쯔압 낫 하어이

행운을 빕니다.

សុំឲ្យសំណាងល្អ

쏨 하오이 썸낭 르어

부인께도 안부 전해 주세요.

សុំផ្ញើក្តីនឹករលឹកដល់ភរិយារបស់លោកផងណា

쏨 프냐어 끄더이늑로륵 덜 패어리이어 로버 록 펑 나

오늘 아주 즐거웠습니다. 음식도 맛있었구요.

ថ្ងៃនេះខ្ញុំសប្បាយណាស់. ហើយអាហារក៏ឆ្ងាញ់ផង

틍아이니 크놈 쌉바이 나 하어이 아하 꺼층안 펑

꼭 또 만나뵙기를 바랍니다.

សង្ឃឹមថានឹងបានជួបគ្នាជាថ្មីក្នុងពេលឆាប់១នេះ

썽큼 타 능 반 쭈업 크니어 찌어 트머이 끄농 뻴 찹찹니

시간이 있으시면 또 놀러오세요.

ពេលទំនេរមកដើរកំសាន្តជាមួយខ្ញុំទៀតណា

뻴뚬네 목 다어 껌싼 찌어 무어이 크놈 띠엇 나

그럼 또 뵙겠습니다

ហើយយើងនឹងជួបគ្នាជាថ្មីទៀត

하어이 영 능 쭈업 크니어 지어 트머이 띠엇

놀러오다
មកកំសាន្ត
목 껌싼

즐겁다
សប្បាយ
쌉바이

보고싶다
នឹករលឹក
늑로룩

일요일
ថ្ងៃអាទិត្យ
틍아이아뜻

3일에 만날 수 있을까?
ជួបគ្នាថ្ងៃទីបីបានទេ?
쭈업 크니어 틍아이 띠 버이 반 떼

월요일에 만납시다.
ជួបគ្នាក្នុងថ្ងៃច័ន្ទ
쭈업 크니어 끄농 틍아이 짠

훗날에 다시 만납시다.

ជួបគ្នាជាថ្មីថ្ងៃក្រោយ

쭈업 크니어 찌어 트머이 틍아이 끄라오이

오랜만입니다.

មិនបានជួបគ្នាយូរហើយ

믄 반 쭈업 크니어 유 하어이

죄송하지만, 저 먼저 가겠습니다.

សូមទោស, ខ្ញុំទៅសិនហើយ

쏨또 크놈 뜨우 썬 하어이

II 상황회화

1. 공항

● 비행기 여행

안녕하십니까?

សួស្ដី

쑤어쓰더이

저의 좌석은 어디에 있습니까?

កន្លែងអង្គុយរបស់ខ្ញុំនៅឯណា?

껀라엥엉꾸이 로버 크놈 느우 아에 나

이쪽으로 오십시오.

អញ្ជើញផ្លូវនេះ

언쩐 플로우 니

저기가 당신 좌석입니다.

នោះជាកន្លែងអង្គុយអ្នក

누 찌어 껀라엥엉꾸이네어

감사합니다.

អរគុណបាទ

어꾼밧

항공권

សំបុត្រយន្តហោះ

썸봇유언허

안전벨트 착용

រឹតខ្សែក្រវាត់

룻 크싸에끄러왓

금연

ហាមជក់បារី

함 쭈어바러이

화장실

បន្ទប់ទឹក

번뚭 뜩

물 좀 주세요.

សូមទឹកបន្តិចបាទ

쏨 뜩 번떶밧

이 비행기는 프놈펜에 몇 시에 도착합니까?

យន្តហោះមួយគ្រឿងនេះទៅដល់ទីក្រុងភ្នំពេញនៅម៉ោងប៉ុន្មាន?

유언허 무어이 끄렁 니 뜨우 덜 띠 프놈뻰느우 마옹 뽄만

오후 3시 20분경에 도착합니다.

ប្រហែលម៉ោង ៣ . ២០ នាទី

쁘러하엘 마옹 버이 머퍼이 니어띠

비행기 멀미를 하는 것 같습니다.

ខ្ញុំមានអារម្មណ៍ថា ពុលយន្តហោះហើយ

크놈 미언 아럼 타 뿔유언허 하어이

여권 좀 보여주십시오.

សុំមើល លិខិតឆ្លងដែន (បាស្ព័រ) បន្តិចចាស

쏨 멀 리컷츠렁다엔(빳뽀어) 번뗏 짜

여기 있습니다.

នេះបាទ

니 밧

캄보디아에 무슨 일로 오셨습니까?

លោកមកប្រទេសកម្ពុជានេះធ្វើអ្វី

록 목 쁘러떼깜뿌찌어 니 트워 어워이

관광차 왔습니다.

មកទេសចរណ៍

목 떼싸쩌

캄보디아에 얼마동안 체류하실 겁니까?

តើលោកនឹងស្នាក់នៅប្រទេសកម្ពុជាប៉ុន្មានថ្ងៃដែរ?

따어 록 능 쓰나 느우 쁘러떼깜뿌찌어 뽄만 틍아이 다에

비자

វីសា

위싸

세관

គយ

꼬이

공항

អាកាសយានដ្ឋាន

아까싸이언너탄

비행장

ព្រលានយន្តហោះ

쁘로리언 유언허

약 2주간 입니다.

ប្រហែលពីរអាទិត្យ

쁘러하엘 삐 아뜻

프놈펜에 있는 동안 어디에 묵으십니까?

លោកនឹងសំរាក់នៅកន្លែងណាក្នុងនៅភ្នំពេញនេះ?

록 능 쌈나 느우 껀라엥 나 끄농 느우 프놈뻰 니

크메르호텔에 묵을 생각입니다.

គិតថានឹងសំរាកនៅសណ្ឋាគារខ្មែរ

꾯타 능 썸라 느우 썬타끼어 크마에

뭔가 신고할 것이 있습니까?

មានអ្វីដែលត្រូវបង្ហាញខ្លះទេ?

미언 어워이 다엘 뜨로우 벙한 클라 떼

아무것도 없습니다.

មិនមានទេ

믄 미언 떼

공항세

ថ្លៃបង់ព្រលានយន្តហោះ

트라이 벙 쁘로리언유언허

로얄프놈펜에어웨이즈

រ៉ូយ៉ាល់ភ្នំពេញអ៊ែរវេស៍

로얄 프놈뻰 애 웨

대한항공

អាកាសចរណ៍កូរ៉េ

아까싸쩌 꼬레

타이항공

អាកាសចរណ៍ថៃ

아까싸쩌 타이

가방안에 무엇이 있습니까?

ក្នុងកាបូបមានអ្វីខ្លះ?

끄롱 까봅 미언 어워이 클라

개인용품뿐입니다.

មានតែរបស់ប្រើផ្ទាល់ខ្លួន

미언 따에 로버 쁘라어 프또알클루언

좋습니다. 됐습니다.

អញ្ចេញចុះបាទ. អ្វីៗបានរួចរាល់អស់ហើយ

언쩐 쪼 밧 어워이 어워이반루엇 로얼 어 하어이

제가 한국에서 온 정수동입니다.

ខ្ញុំឈ្មោះចងស៊ូដុងមកពីប្រទេសកូរ៉េ

크놈츠무어 쩡쑤동 목 삐 쁘러떼 꼬레

제가 가방을 들어 드리겠습니다.

ខ្ញុំជួយកាន់កាបូបឱ្យបានទេ?

크놈쭈어이 깐 까봅 아오이 반 떼

탑승권

សំបុត្រឡើងយន្តហោះ

썸봇 라엉 유언허

세금을 내다.

បង់ពន្ធ

벙 뿌언

내용을 기입하다.

បំពេញឯកសារ

번뻰 아엑까싸

여행 가방

កាបូបធ្វើដំណើរ

까봅 트워 덤나어

저는 서울행 비행기표를 예약하고 싶습니다.

ខ្ញុំចង់កក់សំបុត្រទៅក្រុង សេអ៊ូល ខ្លះបានទេ?

크놈 꺼 썸봇 뜨우 끄롱쎄울 클라 반 떼

몇일에 가시겠습니까?

តើទៅថ្ងៃទីប៉ុន្មាន?

타어 뜨우 틍아이 띠 뽄만

2일에 가고 싶습니다.

ចង់ទៅថ្ងៃទីពីរ

쯩 뜨우틍아이 띠 삐

당신이 타실 비행기는 KE-625입니다.

ជើងយន្តហោះដែលអ្នកត្រូវឡើងគឺ KE ៦២៥

쯩 유언허 다엘 네어 뜨로우 라엉 끄 케이 이 쁘람무어이 삐 브람

서울까지 대략 몇 시간이 걸리는지를 알고 싶습니다.

ខ្ញុំចង់ដឹងថាតើធ្វើដំណើរទៅទីក្រុង សេអ៊ូល ប្រើពេលប៉ុន្មានម៉ោង?

크놈쩡 덩 타 따어 트워 덤나어 뜨우 띠 끄롱 쎄울 쁘라어 뻴 뽄만마옹

● 환전

환전소는 어디에 있습니까?

កន្លែងប្ដូរលុយនៅកន្លែងណាដែរ?

껀라엥 쁘도 루이 느우 껀라엥 나 다에

저는 환전을 하고 싶습니다.

ខ្ញុំចង់ប្ដូរលុយ

크놈 쩡 쁘도 루이

얼마를 바꾸시겠습니까?

លោកចង់ប្ដូរប៉ុន្មាន?

록 쩡 쁘도 쁜만

700달러 입니다.

៧០០ ដុល្លា

쁘람삐 로이 돌라

무슨 돈(지폐)으로 하시겠습니까?

លោកចង់យកក្រដាសប្រាក់ប៉ុន្មាន?

록 쩡욕 끄러다쁘라 쁜만

환전하다.

ប្តូរលុយ

쁘도 루이

잔돈

លុយរាយ

루이 리어이

구좌를 개설하다.

បើកបញ្ជី

바억 반찌

여행자 수표

ឆែកឈេរការធ្វើដំណើរ

차엑체 까트워덤나어

1,000리엘짜리와 5,000리엘짜리 지폐로 주십시오.

សុំក្រដាសប្រាក់ ១០០០រៀល និង ក្រដាសប្រាក់ ៥០០០រៀល

쏨 끄러다쁘라 무어이쁘언 리얼 능 끄러다쁘라 쁘람쁘언 리얼

잠깐만 기다려주세요.
សុំមេត្តារង់ចាំមួយសន្ទុះសិន
쏨메타 롱짬 무어이 썬또 썬

오늘 환율은 얼마입니까?
ថ្ងៃនេះអាត្រាប្តូរលុយប៉ុន្មានដែរ?
틍아이니 아뜨라 쁘도 루이 뽄만 다에

1달러에 대개 3,900리엘을 넘지 않습니다.
មួយដុល្លារភាគច្រើនមិនលើស ៣៩០០ រៀលទេ
무어이 달라 피어쯔라언 믄 러 버이뽀언쁘람부언로이 리얼 떼

이곳에 서명을 좀 해주세요.
សូមមេត្តាចុះហត្ថលេខាត្រង់នេះបន្តិច
쏨메따 쪼 핫타레카 뜨렁니 번뗏

● 공항에서 호텔까지

택시 좀 불러주십시오.
ជួយហៅរថយន្តតាក់ស៊ីឱ្យខ្ញុំបន្តិចផង
쭈어이 하우 루엇유언 딱씨 아오이 크놈 번뗏펑

죄송하지만, 가방 좀 들어주세요.

សុំទោសសូមកាន់វ៉ាលីឱ្យខ្ញុំបន្តិចបានទេ?

쏨또 쏨깐 와리 아오이 크놈 번놈 반 떼

어디 가십니까?

ទៅណាបាទ?

뜨우 나 밧

크메르호텔로 갑시다.

ទៅសណ្ឋាគារខ្មែរ

뜨우 썬타끼어 크마에

여기에서 얼마나 걸립니까?

ពីទីនេះទៅប្រើពេលប៉ុន្មានដែរ?

삐 띠 니 뜨우 쁘라어 뻴 쁜만 다에

차를 타다.

ឡើងរថយន្ត

라엉 루엇유언

차에서 내리다.

ចុះពីរថយន្ត

쪼 삐 루엇유언

교통경찰

ប៉ូលីសចរាចរ

뽈리 짜라쩌

버스

រថយន្តក្រុង

루엇유언 끄롱

약 30분쯤 걸립니다.

ប្រហែល ៣០នាទី

쁘라엘 쌈썹 니어띠

여기는 무슨 길입니까?

នេះជាផ្លូវអ្វីដែរ

니 찌어 플러우 어워이 다에

이 길은 무니웡대로입니다.

នេះជាផ្លូវមហាវិថីព្រះមុនីវង្ស

니 찌어 플러우 모하위터이 프레아 무니웡

천천히 좀 운전하세요.

សូមបើកយឺតៗបន្តិច

쏨 바억 으ㅓ-으ㅓ-ㅅ 번 뜻

74

이것 100달러인데 거스름돈 있습니까?

នេះ ១០០ ដុល្លាមានលុយអាប់ទេ?

니 무어이 로이 돌라 미언 루이압 떼

공항

2. 숙박(호텔)

● 체크 인

저는 3일전에 방을 예약해 두었습니다.

ខ្ញុំបានកក់បន្ទប់ទុកហើយកាលពីបីថ្ងៃមុន

크놈 번뚭 뚝 하어이 깔삐 버이 틍아이 문

확인 좀 해 주십시오.

សូមជួយឆែកមើលបន្តិចផង

쏨 쭈어이 차엑 멀 번뗒 펑

예약이 잘 되어 있습니다.

បានកក់ទុករៀបរយអស់ហើយ

반 꺼 뚝 리업로이 어 하어이

여기에 몇 일간 묵으십니까?

តើលោកសំរាកនៅទីនេះប៉ុន្មានថ្ងៃដែរ?

따어 록 썸라 느우 띠 니 뽄만 틍아이 다에

약 4~5일 묵을 겁니다.

ខ្ញុំស្នាក់ប្រហែលបួនឬប្រាំថ្ងៃ

크놈 썸라 쁘라하엘 부언 르 쁘람 틍아이

빈 방

បន្ទប់ទំនេរ

번똡 뚬네

서명하다.

ស៊ីញ៉េ (ចុះហត្ថលេខា)

씨예(쪼핫타레카)

환전하다.

ប្ដូរលុយ

쁘도 루이

안내(실)

ផ្នែករដ្ឋបាល

프나엑로엇터발

싱글룸입니까? 혹은 더블룸입니까?

បន្ទប់តែមួយ ឬ បន្ទប់ពីរ

번똡 따에 무어이 르 번똡 삐

싱글룸으로 하겠습니다.

ខ្ញុំសុំតែមួយបន្ទប់ប៉ុណ្ណោះ

크놈 쏨 따에 무어이 번뚭 뽄너

하룻밤에 얼마입니까?

មួយយប់តំលៃប៉ុន្មានដែរ?

무어이 윱 덤라이 뽄만 다에

하룻밤에 30달러입니다.

មួយយប់ ៣០ដុល្លា

무어이 윱 쌈썹 돌라

이 서식(숙박계)에 기입해 주십시오.

សូមមេត្តាបំពេញឯកសារនេះផង

쏨메따 범뻰 아엑까싸 니 펑

객실 번호

លេខបន្ទប់

렉 번뚭

지배인

អ្នកចាត់ការ

네어 짯까

열쇠

កូនសោរ

꼰싸오

아침식사

អាហារពេលព្រឹក

아하 뻴쁘륵

방 열쇠 여기 있습니다.

នេះបាទ, កូនសោរបន្ទប់

니 밧 꼰싸오 번뚭

엘리베이트는 저쪽에 있습니다.

ជណ្ដើរយន្តនៅត្រង់នោះ

쭈언다어유언 느우 뜨렁 누

식당은 어디에 있습니까?

បន្ទប់អាហារនៅកន្លែងណា?

번뚭아하 느우 껀라엥 나

제 방은 몇 층에 있습니까?

បន្ទប់របស់ខ្ញុំនៅជាន់ទីប៉ុន្មាន?

번뚭 로버 크놈 느우 쭈언 띠 뽄만

숙박 (호텔)

5층에 있습니다.

នៅជាន់ទីប្រាំ

느우 쪼언 띠 쁘람

전화

ទូរស័ព្ទ

뚜러쌉

확인해 보다.

ឆែកមើល

차엑멀

다른 방

បន្ទប់ដទៃ

번뚭 더떼이

방을 바꾸다

ប្ដូរបន្ទប់

쁘도우 번뚭

이것보다 좋은 방이 있습니까?

មានបន្ទប់ល្អជាងនេះទេ?

미언 번뚭 르어 찌엉 니 떼

이 방으로 할 수 있습니까?

យកបន្ទប់នេះបានទេ?

욕 번뚭 니 반 떼

이 방은 뒤쪽에 있어 아주 조용하고 좋습니다.

បន្ទប់នេះនៅផ្នែកខាងក្រោយស្ងាត់ល្អណាស់

번뚭 니 느우 프나엑 캉 끄라오이 쓰응앗 르어 나

여권과 비행기표를 맡기고 싶습니다.

ខ្ញុំចង់ផ្ញើលិខិតឆ្លងដែន និង សំបុត្រយន្តហោះ

크놈 쩡 프오야어 리켓츠렁다엔 능 썸봇유언허

● 룸 서비스

전화를 써도 됩니까?

សូមប្រើទូរស័ព្ទបានទេ?

쏨 쁘러어 뚜러쌉 반 떼

편지를 어디에서 부칠 수 있을까요?

តើខ្ញុំផ្ញើសំបុត្រនៅកន្លែងណា?

따어 크놈 프오야어 썸봇 느우 껀라엥나

어디에서 환전할 수 있습니까?
តើខ្ញុំប្ដូរលុយនៅកន្លែងណាដែរ?
따어 크놈 쁘도 루이 느우 껀라엥나 다에

제 방으로 음식을 보내 주십시오.
ជួយយកអាហារទៅបន្ទប់ខ្ញុំផងបានទេ?
쭈어이 욕 아하 뜨우 번뚭 크놈 펑 반 떼

여기에 관광서비스 안내가 있습니까?
ទីនេះមានការបំរើសេវាកម្មផ្នែកទេសចរណ៍ទេ?
띠 니 미언 까 범라어 쎄와깜프나엑 뗏싸쩌 떼

창문을 열다
បើកបង្អួច
바억 벙우얻

TV를 보다
មើលទូរទស្សន៍
멀 뚜러뚜어

불을 켜다
បើកភ្លើង
바억 플릉

불을 끄다

បិទភ្លើង

벗 플릉

이 옷을 세탁소에 좀 보내주세요.

ជួយយកអាវរនេះទៅឯហាងបោកអ៊ុតឱ្យខ្ញុំផង

쭈어이 욕 아우 니 뜨우 아에 항바옥옷 아오이 크놈 펑

아침 8시에 제방으로 아침식사를 보내주세요.

សុំយកអាហារពេលព្រឹកឱ្យខ្ញុំមកដល់ក្នុងបន្ទប់វេលាម៉ោង ៨ព្រឹក

쏨 욕 아하 뻴쁘륵 아오이 크놈 목 덜 끄농 번똡 웨리어 마옹 쁘람버이 쁘륵

아침 8시에 저를 깨워주세요.

សុំឱ្យដាស់ខ្ញុំវេលាម៉ោង ៨ ព្រឹកផង

쏨 아오이 다 크놈 웨리어 마옹 쁘람 버이 쁘륵 펑

저는 방에 열쇠를 놓고 나왔어요.

ខ្ញុំភ្លេចកូនសោរនៅក្នុងបន្ទប់ហើយ

크놈 플렛 꼰싸오 느우 끄농 번똡 하어이

숙박 (호텔)

택시를 좀 불러 주십시오.

ជួយហៅរថយន្តតាក់ស៊ីឱ្យខ្ញុំផង

쭈어이 하우 루엇유언딱씨 아오이 크놈 펑

전기

អគ្គិសនី

아끼싸니

서비스

បំរើសេវា

범라어 쎄와

약국

ឱសថស្ថាន

아오싸타싸탄

냉수

ទឹកត្រជាក់

뜩뜨러쩨어

548호실 열쇠를 주세요.

សូមកូនសោរបន្ទប់លេខ ៥៤៨ផង

쏨 꼰싸오 번뚭 렉 쁘람로이 쎄썹 쁘람 버이 펑

602호실인데 더운물이 안 나옵니다.

បន្ទប់លេខ ៦០២ ទឹកក្ដៅក្នុងអាងងូតទឹកមិនចេញទេ

번똡 렉 쁘람무어이 로이 삐 뜩끄다우 끄농 앙응웃뚝·믄쩬 떼

TV화면이 선명하지 않습니다.

ទូរទស្សន៍មានរូបភាពមិនច្បាស់ទេ

뚜러뚜어 미언 룹피업 믄 짜바 떼

에어컨이 고장입니다.

ម៉ាស៊ីនត្រជាក់ខូច

마씬뜨러쩨어 콧

저에게 전화 온 것 있습니까?

មាននរណាទូរស័ព្ទមករកខ្ញុំទេ?

미언 노나 뚜러쌉 목 록 크놈 떼

● 체크 아웃

나는 내일 아침에 갑니다.

ខ្ញុំនឹងទៅថ្ងៃស្អែកនេះពេលព្រឹក

크놈 능 뜨우 틍아이 싸아엑니 뻴쁘륵

계산을 해 주세요.

គិតលុយអោយរួចរាល់ផង

쿳루이 아오이 루엇 로얼 펑

전부 얼마입니까?

ទាំងអស់ថៃប៉ុន្មាន?

뗑엉 어 타라이쁜만

계산서를 좀 주세요.

សុំវិក័យប័ត្រផង

쏨 위까이밧 펑

현금

លុយសុទ្ធ

루이쏫

숙박료

ថ្លៃបន្ទប់

트라이 번돕

시계

នាឡិកា

니어레까

라디오
វិទ្យុ
윗트유

영수증 여기 있어요.
នេះបាទ, វិក័យប័ត្រ
니 밧 위까이밧

가방 좀 내려다 주세요.
សូមជួយយកកាបូបចុះទៅផង
쏨 쭈어이 욕 까봅 쪼 뜨우 펑

맡겨 놓은 물건을 찾으려고 하는데요.
ខ្ញុំសុំយករបស់ដែលខ្ញុំបានផ្ញើរទុកកាលពីយប់មិញផង
크놈 쏨 욕 로버 다엘 크놈 반 프냐어 둑 깔삐 윱 믄 펑

저를 찾아온 사람이 있습니까?
មាននរណាមករកខ្ញុំ
미언 노나 목 록 크놈

당신한테 전화가 왔었어요.
មានគេទូរស័ព្ទមករកលោកដែរ
미언 께 뚜러쌉 목 록 록 다에

영수증
វិក័យប័ត្រ
위까이밧

서명하다.
សុីញ្ញេឈ្មោះ
씨녜 츠무어

가방
កាបូប
까봅

전부
ទាំងអស់
떵엉 어

가방 좀 들어주십시오.
ជួយកាន់កាបូបនេះផង
쭈어이 깐 까봅 니 펑

이 가방을 그 곳에 좀 보관해 주십시오.
ជួយយកកាបូបនេះទៅទុកទីនោះផង
쭈어이 욕 까봅 니 뜨우 띠 뚝 띠 누 펑

청구서를 가져오시오.
ហើយយករវិក័យបប័ត្រមកឯណា
하어이 욕 위까이밧 목 펑 나

이곳에 사인을 하시지요.
សូមមេត្តាស៉ិញ៉េឈ្មោះត្រង់នេះ
쏨메따 씨녜츠무어 뜨렁 니

즐거운 여행이 되시길 바랍니다.
សូមធ្វើដំណើរដោយសុវត្ថិភាព
쏨 트워 덤나어 다오이 쏘와따피업

숙박 (호텔)

3. 교통

● 길을 물을 때

실례지만 크메르영화관이 어디있습니까?

សូមទោសរោងកុនខ្មែរនៅឯណា?

쏨또 롱꼰 크마에 느우 아에 나

무니옹대로에 있습니다.

នៅឯមហាវិថីព្រះមុនីវង្ស

너우 아에 모하위테이 프레아 무니웡

여기서 가깝습니까?

នៅជិតៗនេះទេឬបាទ?

느우 쯧쯧 니 떼 르 밧

아니오 별로 멀지 않습니다.

អត់ទេ,នៅមិនឆ្ងាយប៉ុន្មាន

엇 떼 느우 믄 층아이 뽄만 떼

여기서 몇 분 정도 걸릴까요?

ពីទីនេះទៅប្រើពេលប៉ុន្មាននាទីដែរ?

삐 띠 니 뜨우 쁘라어 뻴 뽄만 니어띠 다에

여보세요.

លោកបាទ (បាស)

록 밧 (짜)

이 지역에

ម៉ុំនេះ

므돔 니

한국 대사관

ស្ថានទូតកូរ៉េ

쓰탄 뜻 꼬레

네거리

ផ្លូវបំបែក

플러우 범바엑

걸어서 5분이면 됩니다.

ដើរ៥នាទីទៅដល់ហើយ

다어 쁘람 니어띠 뜨우 덜 하어이

이 길은 어디로 가는 길 입니까?

ផ្លូវមួយនេះទៅណាដែរ?

플러우 무어이 니 뜨우 나 다에

이 길을 똑바로 가면 신시장이 있습니다.

ដើរត្រង់ទៅផ្លូវនេះអ្នកនឹងឃើញផ្សារថ្មី

다어 뜨렁 뜨우 플러우 니 네어 능 컨 프싸 트머이

ដើរតាមផ្លូវនេះត្រង់ទៅដល់ផ្សារថ្មីហើយ

다어 땀 플러우 니 뜨렁 뜨우 덜 프싸트머이 하어이

이것은 가는 길입니다.

នេះគឺផ្លូវទៅផ្សារថ្មី

니 끄 플러우 뜨우 프싸 트머이

● 버스를 탈 때

어디에서 버스를 탈 수 있습니까?

តើខ្ញុំនឹងជិះរថយន្តក្រុងនៅឯណា?

따어 크놈 능 찌 루엇유언 끄롱 느우 아에 나

캄보디아에 오신지 오래 됐습니까?

តើលោកមកដល់ប្រទេសកម្ពុជាយូរហើយមែនទេ

따어 록 목 덜 쁘러떼 깜뿌찌어 유 하어이 맨 떼

저는 캄보디아에 온지 2주일이 됐습니다.

ខ្ញុំមកដល់ប្រទេសកម្ពុជាពីរអាទិត្យហើយ

크놈 목 덜 쁘러떼 깜뿌찌어 삐 아띳 하어이

차가 밀리다.

ស្ទះរថយន្ត

쓰떼아 루엇유언

도착하다.

ដល់

덜

차에서 내리다.

ចុះពីរថយន្ត

쪼 삐 루엇유언

주차하다.

ចតរថយន្ត

쩟 루엇유언

버스가 왔습니다.

រថយន្តក្រុងមកហើយ

루엇유언 끄롱 목 하어이

이 버스가 신시장에 가요?

រថយន្តមួយគ្រឿងនេះទៅផ្សារថ្មីមែនទេ?

루엇유언 무어이 끄렁 니 뜨우 프싸 트머이 맨 떼

네, 어서 타세요.

អញ្ជើញឡើងជិះចុះ

언쩐 라엉 찌 쪼

오토바이

ម៉ូតូ

모또

차비가 얼마입니까?

ថ្លៃឈ្នួលប៉ុន្មាន?

타라이 츠누얼 뽄만

1,000리엘입니다.

១០០០ រៀល ចាស

무어이 폰언 리얼 짜

주차장

ចំណតរថយន្ត

쩜넛 루엇유언

버스가 만원이다.

រថយន្តក្រុងមានសប្បជិះណែន

루엇유언끄롱 미언 모누 찌 나엔

버스 정류장

ផ្លាកចំណត់រថយន្ត

플라쩜넛 루엇유언

사고

គ្រោះថ្នាក់

끄루어 트나

당신의 사무실은 어디에 있습니까?

កន្លែងធ្វើការរបស់លោកនៅឯណាដែរ?

껀라엥 트워까 로버 록 느우 아에 나 다에

올림픽경기장에 있습니다.

នៅស្តាតអូឡាំពិក

느우 아에 쓰땃오람삑

무엇을 타고 갑니까?

តើទៅតាមរថយន្តអ្វីដែរ?

따어 뜨우 땀 루엇유언 어워이 다에

버스를 타고 갑니다.

ទៅតាមរថយន្តក្រុង

뜨우 땀 루엇유언 끄롱

어디에서 차를 타면 될까요?

តើខ្ញុំអាចឡើងជិះរថយន្តនៅឯណា?

타어 크놈 앗라엉 찌 루엇유언 느우 아에 나

운전사

អ្នកបើកបររថយន្ត

네어바억버 루엇유언

고속도로

ផ្លូវហាយវេ

플러우 하이웨

육교

ស្ពានដើរឆ្លងកាត់ផ្លូវ

쓰뻬언 다어 츠렁깟 플러우

길을 건너다.

ឆ្លងផ្លូវ

츠렁 플러우

이 버스가 신시장에 가지요?

រថយន្តមួយគ្រឿងនេះទៅផ្សារថ្មីទេ?

루엇유언 무어이 끄렁 니 뜨우 프싸 트머이 떼

신시장 앞에서 차를 타세요.

ឡើងជិះរថយន្តនៅអេមុខផ្សារថ្មី

라엉 찌 루엇유언 느우 아에 묵 프싸 트머이

거기에 급행버스가 있습니다.

ទីនោះមានរថយន្តល្បឿន

띠 누 미언 루엇유언 르언

그리고 나서 씨암리압에 가려고 하는데요.

បន្ទាប់ពីនោះខ្ញុំនឹងទៅសៀមរាប

번또업 삐 누 크놈 능 뜨우 씨엄리업

신시장에 가서 씨암리압행 버스로 갈아타세요.

ទៅផ្សារថ្មីហើយក់បន្លូរឋយន្តទៅសៀមរាបទៀត

뜨우 프싸 트머이 하어이 꺼 번떠 루엇유언 뜨우 씨엄리업 띠엇

관광버스로 가는게 더 좋지 않을까요?

លោកទៅតាមរឋយន្តទេសចរណ៍មិនល្អជាងទេឬ?

록 뜨우 땀 루엇유언 떼싸쩌 믄 르어 찌엉떼 르

● 택시를 탈 때

무니옹대로에 가는데 얼마입니까?

ទៅមហាវិថីព្រះមុនីវង្ស តំលៃប៉ុន្មាន?

뜨우 모하위테이 프레아 무니옹 덤라이 뽄만

골목 안까지 들어갑니까?

ផ្លូវច្រកចូលនោះទៅជ្រៅទេ?

플루우 쫄 쯔럭 누 뜨우 쯔르우 떼

골목 끝까지 들어갑니다.

ចូលតាមច្រកនេះទៅទាល់តែ

쭐 땀 쯔럭 니 뜨우 또알 따에

5달러입니다.

តំលៃ ៥ដុល្លា

덤라이 쁘람 돌라

왜 그렇게 비싸나요?

ហេតុអ្វីថ្លៃខ្លាំងម្លេះ?

하엣 어워이 타라이 클랑 므레

골목길, 소로

ច្រកផ្លូវ

쯔럭플러우

들어가다.

ចូលទៅ

쭐 뜨우

천천히 운전하다.

បើកបរយឺតៗ

바억버 으ㅓ-ㅅ 으ㅓ-ㅅ

차를 운전하다.

បើករថយន្ត

바억 루엇유언

비싸지 않아요.

មិនថ្លៃទេ

믄 타라이 떼

차가 아주 밀리는 걸요?

រថយន្តស្ទុះណាស់

루엇유언 쓰떼아 나

얼마에 가셨는데요.

ថ្លាប់ទៅតំលៃប៉ុន្មាន?

뜨로업 뜨우 담라이 뽄만

보통 나는 5달러에 가는데요.

ធម្មតាខ្ញុំទៅតំលៃ៥ដុល្លាប៉ុណ្ណោះ

토엄머다 크놈 뜨우 담라이 쁘람 달라 뽄너

아이! 안됩니다. 6달러로 합시다.

ទេ, មិនបានទេ ឥឡូវនេះ ៦ដុល្លាទៅចុះ

테 믄 반 테 어이로우니 쁘람무어이 돌라 뜨우 쪼

좋습니다. 차를 빨리 몰지 마세요.

យល់ព្រមតែកុំបើកឡើនពេក

유얼쁘롬 따에 꼼 바억 르언 뻭

6달러입니다.

តំលៃ ៦ដុល្លា

덤라이 쁘람무어이 돌라

좌회전하다.

បត់ឆ្វេង

벗 츠웽

왜

ហេតុអ្វី

하엣 어워이

은행

ធនាគារ

테어니어끼어

잠깐 들르다.

ឈាង

치엉

왜 우회전합니까?

ហេតុអ្វីត្រូវបត់ស្តាំ

하엣 어워이 뜨러우 벗 쓰담

24번가라고 했잖아요?

លោកប្រាប់ថាច្រកផ្លូវ លេខ ២៤ ពិតមែនទេ?

록 쁘랍타 쯔럭 플러우 렉 머퍼이 부언 뽓 맨 떼

괜찮아요. 오른쪽에 대주세요.

មិនជាអ្វីទេ, ជួយអែបស្តាំបន្តិច

믄 찌어 어워이 떼 쭈어이 아엡 쓰담 번텟

교통

은행에 잠시 10분만 들려도 됩니까?

សូមឈោងទៅធនាគារ ១០នាទីបានទេ?

쏨 치엉 뜨우 테어니어끼어 덥 니어띠 반 떼

너무 오래 있지 마세요.

កុំយូរពេក

꼼 유 뻬

세우다

ចត

쩟

문

ទ្វារ

뜨위어

색깔

ពណ៌

뽀어

없다.

មិនបាន

믄 반

다 왔습니까?

ដល់ហើយឬនៅបាទ

덜 하어이 르 느우 밧

저 녹색대문 앞에 세워 주십시오.

ចតត្រង់ ក្បាលទ្វារពណ៌បៃតងនោះ

쩟 뜨렁 끄라옹 트위어 뽀어 바이떵 누

여기 말입니까?

ត្រង់នេះមែនទេ?

뜨렁 니 맨 떼

예, 나는 100달러짜리 밖에 없습니다.

មែនហើយ, ខ្ញុំមានតែក្រដាសប្រាក់ ១០០ដុល្លាប៉ុណ្ណោះ

맨 하어이 크놈 미언 따에 끄러다쁘라 무어이 로이 돌라 뻔너

거스름 돈이 없습니다.

មិនមានលុយអាប់ទេ

믄 미언 루이압 떼

● **기차를 탈 때**

기차역에 가려고 하는데요.

ខ្ញុំត្រូវការទៅស្ថានីយរថភ្លើង

크놈 뜨러우 까 뜨우 쓰타니 루엇 플렁

어서 타세요.

អញ្ជើញឡើងរថភ្លើង

언쩐 라엉 루엇 플렁

밧덤벙행 첫 기차가 몇 시에 떠납니까?

រថភ្លើងទៅបាត់ដំបងដើមដំបូងចេញនៅពេលណា?

루엇 플렁 뜨우 밧덤벙 쩡 덤봉 쩬 느우 뻴 나

8시 20분 입니다.

ម៉ោង ៨ . ២០ នាទី

마옹 쁘람버이 머퍼이 니어띠

표를 샀습니까?

អ្នកទិញសំបុត្រហើយឬនៅ?

네어 뜬 썸봇 하어이 르 느우

기차역

ស្ថានីយ៍រថភ្លើង

쓰타니 루엇 플렁

표

សំបុត្រ

썸봇

왕복표

សំបុត្រទៅមក

썸봇 뜨우 목

예매하다

កក់ទុកជាមុន

꺼 뚝 찌어 문

매표실이 어디 있습니까?

បន្ទប់លក់សំបុត្រនៅឯណា?

번뚭 루어 썸봇 썸봇 아에 나

저쪽입니다. 우측에 있습니다.

ផ្លូវនោះ. នៅខាងស្ដាំដៃ

플루우 누 느우 캉 쓰담 다이

밧덤벙표가 얼마입니까?

តំលៃសំបុត្រទៅបាត់ដំបងតំលៃប៉ុន្មាន?

덤라이 썸봇 뜨우 밧덤벙 쩡 덤봉 덤라이 뽄만

7,000리엘입니다.

៧០០០ រៀល

쁘람삐 뽀언 리얼

그럼 왕복표 2장 사겠습니다.

អញ្ចឹងខ្ញុំទញ្ញសំបុត្រសំរាប់ទៅ-មកចំនូន២ពីរសន្លឹក

언쩡 크놈 뜬 쏨봇 썸랍 뜨우 목 쩜누언 삐 썬륵

내일

ស្អែកនេះ

싸아엑 니

북부
ភាគខាងជើង
피어 캉 쩡

유명한
ដែលមានឈ្មោះ
다엘 미언 츠무어

국경
ជាយដែន
찌어이 다엔

밧뎀봉행 첫 기차는 몇 시에 떠나죠?
រថភ្លើងទៅបាត់ដំបងជើងដំបូងចេញនៅពេលណា?
루엇 플렁 뜨우 밧덤벙 쩡 덤봉 쩬 느우 뻴

이 기차는 종착역에 몇시에 도착합니까?
តើរថភ្លើងខ្សែនេះនឹងទៅដល់ទីចំណតនៅម៉ោងប៉ុន្មាន?
루엇 플렁 크싸에 니 능 뜨우 델 띠 쩜넛 느우 마옹 뽄만

내일 아침 10시 30분에요.
ស្អែកនេះពេលព្រឹកម៉ោង ១០ , ៣០ នាទី
싸아엑 니 뻴쁘륵 마옹 덥 쌈썹 니어 띠

실례지만 당신은 씨엠리업사람입니까?

សុំទោសអ្នករស់នៅសៀមរាបនេះមែនទេ?

쏨또 네어 루어 느우 씨엠리업 니 맨 떼

네, 당신은 어디에 가십니까?

បាទ លោកអញ្ជើញទៅណាដែរ?

밧 록 언쩐 뜨우 나 다에

씨엠리업에 가려고 하는 중입니다.

ខ្ញុំកំពុងគិតថាទៅសៀមរាបដែរ

크놈 껌뿡 꾯타 뜨우 씨엠리업 다에

앙코르왓

អង្គរវត្ត

엉꼬워엇

폭포

ទឹកជ្រោះ

뜩쯔루어

지도

ផែនទី

파엔띠

시장
ផ្សារ
프싸

고산족
អ្នកព្រៃភ្នំ
네어쁘레이프눔

어디에 놀러 가시려구요?
លោកត្រូវការទៅដើរកំសាន្តនៅទីណាដែរ?
록 뜨로우까 뜨우 다어 껌싼 느우 띠 나 다에

4. 식당

빈 테이블이 있습니까?

មានតុទំនេរទេ?

미언 똑 뚬네 떼

예, 있습니다. 어서 들어오세요.

បាទមាន, អញ្ជើញខាងក្នុងបាទ

밧 미언 언쩐 캉 끄농 밧

무엇을 드시겠습니까?

ចង់ទទួលទានអ្វីខ្លះ?

쩡 또뚜얼띠언 어워이 클라

메뉴를 보여주세요.

សុំមើល មីនុយ បន្តិចសិន

쏨 멀 미누이 번뗏 썬

여기 있습니다. 무엇을 주문하시겠습니까?

នេះ, ចង់កំម៉ង់អ្វីខ្លះ

니 쩡 껌멍 어워이 클라

메뉴

មីនុយ (បញ្ជីរាយមុខមួប)

미누이(반찌리어이묵므홉)

캄보디아 음식

អាហារខ្មែរ

아하크마에

한국 음식

អាហារកូរ៉េ

아하꼬레

태국 음식

អាហារថៃ

아하타이

중국 음식

អាហារចិន

아하쯘

새우

កំពីស

껌쁘

오늘 맛있는 음식이 뭐 있습니까?

ថ្ងៃនេះមានអាហារអ្វីឆ្ងាញ់ទេ?

틍아이 니 미언 아하 어워이 층안 떼

새우튀김과 돼지불고기가 있습니다.

មានកំពីសចៀន និង សាច់ជ្រូកអាំង

미언 껌쁘찌언 능 쌎쯔룩앙

나는 캄보디아 음식을 잘 모릅니다.

ខ្ញុំមិនសូវស្គាល់ម្ហូបខ្មែរទេ

크놈 믄 쏘우 쓰꼬얼 므홉 크마에 떼

쌀국수를 드신 적이 있습니까?

លោកធ្លាប់ទទួលទានគុយទាវទេ?

록 틀로업 또뚜얼띠언 꾸이띠어우 떼

없습니다.

មិនធ្លាប់ទេ

믄 틀로업 떼

쇠고기

សាច់គោ

쌋꼬

돼지고기

សាច់ជ្រូក

쌋쯔룩

밥

បាយ

바이

쌀국수

គុយទាវ

꾸이띠어우

음료수

ភេសជ្ជៈ

페쎄쩨어

잡숴보십시요.

សាកទទួលទានមើលសិនទៅ

싹 또뚜얼띠언 멀 썬 뜨우

그럼 생선찌개를 주세요.

អញ្ចឹង សុំសម្លត្រី

언쯩 쏨 썸러뜨러이

그리고 볶음밥 한 접시 주세요.

សុំបាយឆាមួយចានផង

쏨 바이차 무어이 짠 펑

음료수 있습니까?

មានភេសជ្ជៈទេ?

미언 페써쩨어 떼

맥주 한 병 주세요.

សុំស្រាប៊ៀរមួយដប់

쏨 쓰라비어 무어이 덥

디저트

បង្អែម

벙아엠

과일

ផ្លែឈើ

플라에처

맛있다

ឆ្ងាញ់

츠안

음식점

ហាងអាហារ

항아하

디저트는 무엇으로 하시는 게 좋을까요?

តើចង់ទទួលទានបង្អែមអ្វី?

따어 쩡 또뚜얼띠언 벙아엠 어워이

과일은 무엇이 있지요?

ផ្លែឈើមានអ្វីខ្លះ?

플라에처 미언 어워이 클라

파인애플, 수박, 그리고 파파야가 있습니다.

មាន ម្នាស់ ឪឡឹក និង ល្ហុង

미언 므노어 어우럭 능 르홍

계산해 주세요.

គិតលុយផង

끗 루이 펑

오늘은 제가 대접하겠습니다.
ថ្ងៃនេះខ្ញុំនឹងប៉ារអ្នក
퉁아이 니 크놈 능 빠우 네어

● 캄보디아 음식

볶음밥
បាយឆា
바이 차
(볶음밥으로 주문에 따라 쇠고기, 돼지고기, 닭고기, 게살 등을 넣어 만든 음식)

닭고기를 넣어 만든 찌개
សម្ងរ សាច់មាន់
썸러 쌎 모언

닭고기 넣어 볶은 음식
មាន់ឆា
모언차

돼지고기에 고추를 잘게 썰어 넣어 볶은 음식
សាច់ជ្រូកឆាម្ទេស
쌎 쯔룩 차 므떼

돼지 불고기

សាច់ជ្រូកអាំង

쌋 쯔룩 앙

생선 튀김

ត្រីចៀន

뜨러이 찌언

닭 구이

មាន់អាំង

모언 앙

파파야 생채요리

បុកល្ហុង

복르홍

(풋파파야를 채를 썰어 게젓과 고춧가루, 마늘, 설탕 등을 넣어 만든 음식)

찰밥

បាយត្រណើប

바이 뜨러나업

흰 밥

បាយស

바이 써

죽

បបរ

버버

쌀국수

គុយទាវ

꾸이띠어우

(쌀국수로 기호에 따라 쇠고기, 돼지고기, 오리고기, 어묵 등을 선택하여 주문할 수 있음)

● 캄보디아 과일

두리안

ធូរេ៉ន

투렌

람부탄

សាវម៉ៅ

싸우마우

망고스텐

មង្ឃុត

몽쿳

파파야

ល្ហុង

르홍

귤

ក្រូច

끄롯

야자

ដូង

동

바나나

ចេក

쩩

식당

몽키 바나나

ចេកពងមាន់

쩨뽕모언

(몽키 바나나로 불리우며 이 바나나는 특히 달고 맛있음)

파인애플

ម្នាស់

므노어

수박

ឪឡឹក

어우럭

녹색의 껍질로 알맹이는 노란색이며 단맛임.

ឃ្នោរ

크놀

껍질은 핑크색으로 되어있고, 알맹이는 백색으로 독특한 단맛이 있음.

ជំពូ

쭘뿌

매우 큰 귤의 일종으로 자몽과 비슷함.

ក្រូចថ្លុង

크롯트룽

알맹이가 백색이며 단맛임.

ទាប

띠업

망고

ស្វាយ

쓰와이

황색의 이 과일은 중국대추 또는 인디안대추라고 부름.

ពុទ្រា

뽓뜨리어

라임

ក្រូចឆ្មារ

끄롯츠마

용안. 알맹이가 작고 백색이며 단맛임.

ផ្លែមៀន 플아에미언

5. 관광

● 시내 관광

당신은 프놈펜에 놀러 오신 적이 있습니까?

លោកធ្លាប់មកដើរកំសាន្តនៅភ្នំពេញទេ?

록 트로업 목 다어 껌싼 느우 프놈뻰 떼

없습니다. 이번이 처음입니다.

មិនធ្លាប់ទេ លើកនេះជាលើដំបូងហើយ

믄 트로업 떼 럭니 찌어 러 덤봉 하어이

당신은 어디에 관광하시길 바랍니까?

លោកចង់ទៅដើរកំសាន្តនៅកន្លែងណាខ្លះដែរ?

록 쩡 뜨우 다어 껌싼 느우 껀라엥 나 클라 다에

프놈펜에는 구경할 만한 곳이 무엇 무엇이 있습니까?

ក្នុងទីក្រុងភ្នំពេញ កន្លែងកំសាន្តមានអ្វីខ្លះ?

끄농 띠 끄롱프놈뺀 껀라엥 껌싼 미언 어워이 클라

많이 있지요. 예를 들면 왕궁이 있습니다.

មានច្រើនដូចជា ព្រះបរមរាជវាំង

미언 쯔라언 돗 찌어 쁘레아버롬리읒외앙

놀러오다

មកកំសាន្ត

목 껌싼

관광객

អ្នកទេសចរណ៍

네어 떼싸쩌

건물

អាគារផ្ទះ

아끼어 프떼아

왕궁

ព្រះបរមរាជវាំង

쁘레아버롬리읒외앙

왓프놈, 왕궁, 그리고 국립박물관 등등입니다.

វត្តភ្នំ ព្រះបរមរាជវាំង និងសារៈមន្ទីរជាតិជាដើម

워왓프놈 쁘레아버롬리엇외앙 능 싸라모언띠 찌엇 찌어 다엄

저는 독립기념탑에 가고 싶습니다.

ខ្ញុំចង់ទៅវិមានឯករាជ្យ

크놈 쩡 뚜우 위미언 아엑까리엇

그럼 제가 모시고 가겠습니다.

អញ្ចឹងខ្ញុំនាំទៅក៏បាន

언쩡 크놈 노엄 뚜우 꺼 반

저것은 무슨 건물입니까?

នោះអាគារអ្វី

누 아끼어 어워이

그것은 국립박물관입니다.

នោះគឺសារៈមន្ទីរជាតិ

누 끄 싸라모언띠 찌엇

박물관

សារៈមន្ទីរ

싸라모언띠

대학교

មហាវិទ្យាល័យ

모하윗띠어라이

입장권

សំបុត្រចូលទស្សនា

썸봇 뜨러쫄 또어싸나

독립기념탑

វិមានឯករាជ្យ

위미언 아엑까리엊

왕궁이 매우 아름답다고 들었는데요.

ខ្ញុំបានលឺគេថាព្រះរាជវាំង ស្អាតល្អណាស់

크놈 반 르 께 타 쁘레아리엊외앙 싸앗 르러 나

물론입니다.

ពិតប្រាកដណាស់

쁫 쁘라껏 나

안에 들어가서 구경할 수 있습니까?

តើចូលទៅទស្សនាខាងក្នុងបានទេ?

따어 쫄 뜨으 또어싸나 캉 끄농 반 떼

관광

그럼요. 그런데 구두를 벗어야 합니다.

បាទ បាន ប៉ុន្តែអ្នកត្រូវដោះស្បែកជើងចេញ

밧 반 뽄따에 네어 뜨러우 더 쓰바엑 쩡

쇼

ការសំដែង

까썸다엥

멀다

ឆ្ងាយ

층아이

가깝다

ជិត

쯧

내일 저는 캄보디아 고전민속쇼가 보고 싶습니다.

ស្អែកនេះខ្ញុំចង់ទស្សនាការសំដែងសិល្បះបូរាណខ្មែរ

싸아엑 니 크놈 쩡 또어싸나 까썸다엥 씰라빠보란 크마에

짜또묵에서 캄보디아 전통예술무용공연이 있습니다.

នៅឯទន្លេចតុមុខមានការសំដែងវប្បធមិប្រពៃណីខ្មែរ

느우 아에 뚜언레 짜또묵 미언 까썸다엥 왑빠토어 쁘러뻬이니 크마에

껌뿌엉짬은 어디에 있습니까?

កំពង់ចាមនៅឯណា?

껌뿌엉짬 느우 아에 나

프놈펜에서 그다지 멀리 있지 않아요.

នៅមិនឆ្ងាយពីទីក្រុងភ្នំពេញប៉ុន្មានទេ?

느우 믄 층아이 삐 띠끄롱프놈뻰 뽄만 떼

● 지방 여행

저는 지방 여행을 하고 싶습니다.

ខ្ញុំចង់ទៅដើរកំសាន្តតាមខេត្ត

크놈 쩡 뜨우 다어 껌싼 땀 카엣

씨엠리업에 가 보셨습니까?

ធ្លាប់ទៅសៀមរាបដែរឬទេ?

뜨로업 뜨우 씨엠리업 다에 르 떼

아뇨, 그런데 그곳에는 사람들이 너무 많다고 들었습니다.

មិនដែលទៅទេ ប៉ុន្តែខ្ញុំបានឮថាទីនោះមានមនុស្សច្រើនណាស

믄 다엘 뜨우 떼 뽄따에 크뇸 반 르 타 띠 누 미언 모누 쯔라언 나

그럼 이번에는 씨엄리업에 가지요.

អញ្ចឹងពេលនេះទៅដើរលេង នៅងសៀមរាបទេ?

언쩡 뻴 니 뜨우 다어 렝 느우 아에 씨엄리업 떼

놀러갈 곳이 어디가 있지요?

កន្លែងកំសាន្តទីនោះមានអ្វីខ្លះ?

껀라엥 껌싼 띠 누 미언 어워이 클라

유명하다

មានឈ្មោះ

미언 츠무어

불상

ព្រះពុទ្ធរូប

쁘레아풋타룹

고도

ក្រុងបូរាណ

끄롱 보란

경치

ទេសភាព

떼싸피업

씨엄리업은 고도이다.

សៀមរាបជាទីក្រុងចាស់

씨엄리업 찌어 띠 끄롱 짜

사원과 각종 불상이 많이 있습니다.

មានវត្តនិងព្រះពុទ្ធរូបផ្សេងៗច្រើនសន្ធឹក

미언 웟엇 능 쁘레아풋타룹 프쎄잉 프쎄잉 쯔란언 썬뜩

프놈펜에서 배를 타고 가는게 더 좋아요.

ទៅជិះទូកនៅក្រុងភ្នំពេញល្អជាង

뜨우 찌 뚝 느우 아에 끄롱프놈뻰 르어 찌엉

아름다운 경치도 보구요.

នោះនឹងបានឃើញទេសភាពស្អាតផង

누 능 반 컨 떼싸피업 싸앗 펑

관광

그럼 이번 주말에 가지요.

អញ្ចឹងទៅចុងសប្ដាហ៍នេះហើយ

언쩡 뜨우 쫑 쌉다 니 하어이

● 사진

여기는 사진을 찍지 못합니까?

ទីនេះគេមានហាមថតរូបទេ?

띠 니 께 미언 함 텃룹 떼

저는 모릅니다.

ខ្ញុំមិនជ្រាបដែរ

크놈 믄 쯔리업 다에

미안하지만 여기서 사진을 찍어도 됩니까?

សូមទោសទីនេះអាចថតរូបបានទេ?

쏨또 띠 니 앚 텃룹 반 떼

네, 그런데 친구에게 신발을 벗어야 된다고 말씀해 주세요.

បាន, ប៉ុន្តែត្រូវប្រាប់មិត្តភក្ដិថាត្រូវដោះស្បែកជើងផង

반 쁜따에 뜨러우 쁘랍 믓페어 타 뜨러우 더 쓰바엑쩡 펑 셔터를 좀 눌러 주시겠습니까?

ជួយដោះហ្វីលឲ្យខ្ញុំបន្តិចបានទេ?

쭈어이 더 휠 아오이 크놈 번텟 반 떼

사진기

ម៉ាស៊ីនថតរូប

마씬텃룹

칼라필름

ហ្វីលពណ៌

휠뽀어

사진을 찍다

ថតរូប

텃룹

수리하다

ជួសជុល

쭈어쭐

이 필름을 현상하려고 하는데요.

ខ្ញុំត្រូវការលាងហ្វីលនេះ

크놈 뜨러우까 리엉 휠 니

관광

한장씩 인화해 주세요.

ជួយផ្តិតរូបថតឱ្យខ្ញុំបានមួយបុស្តិ៍មួយ

쭈어이 프듯 룹텃 아오이 크놈 반 무어이 뽀 무어이

칼라필름을 팝니까?

មានហ្វីលពណ៌លក់ទេ?

미언 휠뽀어 루어 떼

저는 필름 한통이 필요합니다.

ខ្ញុំត្រូវការហ្វីលមួយដុំ

크놈 뜨러우까 휠 무어이 돔

좀 끼워주시지요.

ជួយដាក់ឱ្យខ្ញុំផង

쭈어이 다 아오이 크놈 펑

6. 레저, 스포츠

● 영화

오늘밤에 영화구경을 가고 싶은데요.

យប់នេះខ្ញុំចង់ទៅមើលកុន

욥 니 크놈 쩡 뜨우 멀 꼰

무슨 영화를 보고 싶으신데요?

លោកចង់ទៅមើលកុនរឿងអ្វី?

록 쩡 뜨우 멀 꼰 르엉 어워이

저는 코미디 영화가 좋습니다.

ខ្ញុំចូលចិត្តកុនកំប្លែង

크놈 쫄쩟 꼰 껌쁘라엥

오늘 무슨 영화를 상영합니까?

ថ្ងៃនេះកុនបញ្ចាំងរឿងអ្វី?

틍아이 니 꼰 번짱 르엉 어워이

압싸라극장은 어디에 있지요?

រោងកុនអប្សរានៅឯណា?

롱꼰 압싸라 느우 아에 나

입구

ផ្លូវចូល

플러우쭐

출구

ផ្លូវចេញ

플러우쩬

영화관

រោងកុន

롱꼰

극장

រោងល្ខោន

롱르카온

영화 상영이 몇 시에 시작됩니까?

កុនចាប់ផ្តើមបញ្ចាំងនៅពេលណា?

꼰 짭프다엄 번짱 느우 뻴 나

마지막회는 밤 9시 15분입니다.

ម៉ោងចុងក្រោយនេះបំផុតគឺ ម៉ោង៩.១៥នាទី

마옹 쫑끄라오이 니 범폿 끄 마옹 쁘람부언 덥쁘람 니어띠

4,000리얼짜리 표가 있습니까?

សំបុត្រថ្លៃថ្នាក់៤០០០មានទេ?

썸봇 트라이 트나 부언 뽀언 미언 떼

있지요. 몇 장 필요하세요?

មាន លោកត្រូវការប៉ុន្មានសន្លឹកដែរ?

미언 록 뜨러우까 뽄만 썬륵 다에

두장 주세요. 한가운데 좌석을 주세요.

ពីរសន្លឹកបាទ ខ្ញុំសុំកន្លែងអង្គុយត្រង់កណ្ដាល

삐 썬륵 밧 크놈 쏨 껀라엥 엉꾸이 뜨렁 껀달

● 텔레비젼

라디오를 즐겨 듣습니까?

លោកចូលចិត្តស្ដាប់វិទ្យុទេបាទ

록 쫄쯧 쓰답 윗뜨유 떼 밧

저는 텔레비젼을 즐겨봅니다

ខ្ញុំចូលចិត្តមើលទូរទស្សន៍

크놈 쫄쩟 멀 뚜러뚜어

오늘밤에 무슨 프로그램이 있어요?

យប់នេះមានកម្មវិធីអ្វីខ្លះ?

윱 니 미언 깜와위티 어워이 클라

오늘밤 10시에 채널 9에서 좋은 영화가 있습니다.

យប់នេះម៉ោង ១០ មានកុនល្អមើលណាស់នៅប៉ុស្តិ៍លេខ ៩

윱 니 마옹 덥 미언 꼰 르어 멀 나 느우 뽀 레익 쁘람부언

텔레비젼 좀 켜주세요.

ជួយបើកទូរទស្សន៍បន្តិច

쭈어이 바억 뚜러뚜어 번떼

소금 더 크게 해주세요.

បើកសំលេងខ្លាំងបន្តិច

바억 썸레잉 클랑 번떼

좀 줄이세요.

កុំឱ្យសំឡេងខ្លាំងពេក

꼼 아오이 썸레잉 클랑 빽

끄세요.

បិទសំឡេងទៅ

벗 썸레잉 뜨우

재미있다, 흥미롭다.

គួរឱ្យចាប់អារម្មណ៍

꾸어 아오이 아럼

다른 채널로 돌려보세요.

ចុចវាវរកប៉ុស្ដិ៍ផ្សេងវិញ

쭉 리어우록 뽀 프쎄잉 윈

당신은 무얼 좋아하세요? 뉴스에요, 음악이에요?

លោកចូលចិត្តអ្វី? ព័ត៌មាន ឬ តន្ត្រី?

록 쫄쩟 어워이? 뽀어러미언 르 던뜨러이

저는 드라마를 좋아해요.

ខ្ញុំចូលចិត្តមើលល្ខោន

크놈 쫄쩟 멀 르카온

어떤 때는 축구 중계방송을 즐겨봅니다.

ពេលខ្លះចូលចិត្តមើលការផ្សាយបន្តផ្ទាល់បាល់ទាត់ផង

뻴 클라 쫄쩟 멀 까프싸이 번떠 프또얼 발또엇 펑

화면을 선명하게 조정해 주세요.

ជួយសារ៉េ រូបភាពឱ្យច្បាស់បន្តិចផង

쭈어이 싸레 롭피업 아오이 쯔바 번뙛 펑

● **스포츠**

당신은 어떤 종류의 운동을 좋아합니까?

លោកចូលចិត្តកីឡាប្រភេទណាដែរ

록 쫄쩟 꺼이라 쁘러펫 나 다에

저는 테니스를 좋아합니다.

ខ្ញុំចូលចិត្ត ទិននីស

크놈 쫄쩟 띤닛

여기에 테니스장이 있습니까?

ទីកន្លែងនេះមានទីធ្លារវាយ ទិននីសទេ?

띠 껀라엥 니 미언 띠 틀리어워위어이 띤닛 떼

그럼 당신은 무슨 운동을 좋아합니까?

អញ្ចឹងលោកចូលចិត្តកីឡាអ្វី?

언쯩 록 쫄쩟 꺼이라 어워이

저는 수영을 좋아합니다.

ខ្ញុំចូលចិត្តហែលទឹក

크놈 쫄쩟 하엘뜩

수영장

អាងហែលទឹក

앙 하엘뜩

캄보디아 사람

ជនជាតិខ្មែរ

쭈언찌엇 크마에

당신은 수영할 줄 아십니까?

លោកចេះហែលទឹកទេ?

록 쩨 하엘뜩 떼

할 줄 압니다. 그렇지만 잘하지는 못 합니다.

ចេះបាទ ប៉ុន្តែហែលទឹកមិនពូកែទេ

쩨 밧 본따에 하엘뜩 믄 뿌까에 떼

캄보디아 사람들은 무슨 운동을 관람하기를 좋아합니까?

តើជនជាតិខ្មែរភាគច្រើនចូលចិត្តមើលកីឡាអ្វី?

따아 쭈언찌앗 크마에 피어쯔라언 쫄쩟 멀 꺼이라 어워이

캄보디아 사람들은 킥복싱 구경을 좋아합니까?

ជនជាតិខ្មែរចូលចិត្តមើលប្រដាល់ក្បាច់គុណឬវាណា

쭈언찌엇 크마에 쫄쩟 멀 쁘러달 끄밧꾼보란

재기차기 놀이를 좋아합니까?

អ្នកចូលចិត្តលេងសីទេ?

네어 쫄쩟 랭 써이 떼

등산하다.

ឡើងភ្នំ

라엉 프놈

체력단련하다.

ហាត់ប្រាណ

핫쁘란

시합
ការប្រកួត
까쁘러꾸엇

아침에
ពេលព្រឹក
뻴쁘륵

당신은 무슨 운동을 하십니까?
អ្នកចូលចិត្តលេងកីឡាអ្វី?
네어 쭐찟 랭 꺼이라 어워이

저는 아침에 체력단련하러 갑니다.
ខ្ញុំចេញទៅហាត់ប្រាណពេលព្រឹក
크놈 쩬 뜨우 핫쁘란 뻴쁘륵

오늘 축구 경기가 있습니다.
ថ្ងៃនេះមានការប្រកួតបាល់ទាត់
틍아이 니 미언 쁘러꾸엇 발또엇

어디에서 합니까?
គេប្រកួតនៅកន្លែងណា?
께 쁘러꾸엇 느우 껀라엥 나

올림픽스타디움입니다.

នៅឯស្តាតអូឡាំពិក

느우 아에 쓰땃 올람삑

레저·스포츠

7. 쇼핑

● 일반 사항

무엇이 필요하십니까?

ត្រូវការអ្វីបានទេ?

뜨러우까 어워이 밧

좀 보여주십시요.

សុំមើលបន្តិចបានទេ?

쏨 멀 번텟 반 떼

값이 얼마입니까?

តំលៃប៉ុន្មាន?

덤라이 뽄만

비쌉니다. 좀 깎아주십시요.

ថ្លៃពេកហើយ, ចុះថែបន្តិចបានទេ?

트라이 빡 하어이 쪼 트라이 번텟 반떼

안됩니다. 손해를 봅니다.

មិនបានទេ ខាតដើមហើយ

믄 반 떼 캇 다엄 하어이

값이 싸다

តំលៃថោក

덤라이 타옥

값이 비싸다

តំលៃថ្លៃ

덤라이트라이

품질

គុណភាព

꾼나피업

~보다 좋다

ល្អជាង

르어찌엉

무슨 색깔을 좋아하세요?

អ្នកចូលចិត្តពណ៌អ្វី?

네어 쫄 쩟 뽀어 어워이

빨간색을 좋아합니다.

ខ្ញុំចូលចិត្តពណ៌ក្រហម

크놈 쫄쩟 뽀어 끄러험

이것보다 선명한(연한)색이 있습니까?

មានពណ៌ស្រស់ជាងនេះបន្តិចទេ?

미언 뽀어 쓰러 찌엉 니 번뗏 떼

이것보다 값이 싼 것이 있습니까?

តំលៃថោកជាងនេះមានទេ?

덤라이 따옥 찌엉 니 미언 떼

이것보다 품질이 더 좋은 것이 있습니까?

មានគុណភាពល្អជាងនេះទេ?

미언 꾼나피업 르어 찌엉 니 떼

중간

កណ្តាល

껀달

전부

ទាំងអស់

떼엉 어

정찰 가격

តំលៃងាប់

덤라이 응오업

신용카드

ប័ណ្ណក្រេឌីត

반 끄레딧

이것보다 더 큰(작은) 사이즈가 있습니까?

ខ្នាតធំ (តូច) ជាងនេះមានទេ?

크낫 톰(똧) 찌엉 니 미언 떼

좀 비싼데요. 깎아주시겠습니까?

ថ្លៃពេកហើយ ចុះថ្លៃបន្តិចបានទេ?

트라이 빡 하어이 쪼 트라이 번뗏 반 떼

비싸지 않습니다. 여기는 정찰제입니다.

មិនថ្លៃទេ. ទីនេះមិនកាត់ថ្លៃទេ

믄 트라이 떼 띠 니 믄 깟 트라이 떼

전부 얼마입니까?

ទាំងអស់ប៉ុន្មាន?

떼엉 어 뽄만

신용카드로 지불해도 됩니까?

ឱ្យជាប័ណ្ណក្រេឌីតបានទេ?

아오이 찌어 반 끄레딧 반 떼

● 선물판매점에서

기념품을 좀 사고 싶습니다.

ខ្ញុំចង់ទិញវត្ថុអនុស្សាវរីយ៍បន្តិច

크놈 쯩 띤 워엇토아누싸와리 번뗏

여러 가지가 있습니다.

មានច្រើនយ៉ាង

미언 쯔라언 양

인형, 열쇠고리, 상아 등이 있습니다.

មានតុក្កតា, ចង្កោមសោរ, ភ្លុកដំរីជាដើម

미언 똑꺼따 쩡까옴싸오 플룩 덤러이 찌어 다엄

구경 좀 해도 됩니까?

សុំមើលបន្តិចបានទេ?

쏨 멀 번텟 반 떼

네, 안으로 들어오세요.

បាន, អញ្ជើញខាងក្នុង

반 언썽 캉 끄농

인형

តុក្កតា

똑꺼따

구경하다.

មើល

멀

포장하다.

ខ្ចប់

크쩝

기념품

វត្ថុអនុស្សាវរីយ៍

워엇토아누싸와리

이 인형보다 큰 것이 있습니까?

តុក្កតាធំជាងនេះទៀតមានទេ?

똑꺼따 톰 찌엉 니 띠엇 미언 떼

이것은 얼마입니까?

នេះតំលៃប៉ុន្មាន

니 덤라이 뽄만

10,000리얼입니다.

១០០០០ រៀល

무어이 머은 리얼

9,000리얼에 됩니까?

៩០០០ រៀលបានទេ?

쁘람부언 뽀언 리얼 반 떼

선물로 포장해 주세요.

សូមខ្ចប់ជាកាដូផង

쏨 크쩝 찌어 까도 펑

● 의류점에서

셔츠를 보려고 하는데요.

ខ្ញុំចង់មើលអាវសីមីបន្តិច

크놈 쩡 멀 아우 쓰미 번뗒

무슨 색깔을 원하세요?

លោកត្រូវការពណ៌អ្វី?

록 뜨러우까 뿌어 어워이

회색이요.

ពណ៌ប្រផេះ

뿌어 쁘러 페

어떤 스타일요?

ប្រភេទបែបណា?

쁘러펫 바엡 나

미국식 반팔요.

ប្រភេទបែបអាមេរិកាំងដៃខ្លី

쁘러펫 바엡 아메리깡 다이 클러이

긴팔옷

អាវដៃវែង

아우 다이 왱

실크

ក្រណាត់សូត្រ

끄러낫 쏫

바지

ខោ

카오

반바지

ខោជើងខ្លី

카오 쯩 클러이

어떤 사이즈입니까?

យកលេខប៉ុន្មាន?

욕 레익 뽄만

40입니다.

លេខ៤០

레익 쎄썹

뭘 더 필요로 하시는지요?

ត្រូវការអ្វីទៀត?

뜨러우까 어워이 띠엇

면도기가 있습니까?

ប្រដាប់កោរពុកមាត់មានទេ?

쁘러답 까오 뿍모엇 미언 떼

어떤 것을 원하십니까?

លោកត្រូវការបែបណាដែរ?

록 뜨러우까 바엡 나 다에

전기면도기

ប្រដាប់កោរពុកមាត់ប្រើអគ្គិសនី

쁘러답 까오 뿍모엇 쁘라어 악끼써니

면도하다.

កោរពុកមាត់

까오 뿍모엇

면도날

កាំបិតកោរពុកមាត់

깜벗 까오 뿍모엇

안경

វែនតា

왠따

전기면도기가 필요합니다.

ខ្ញុំត្រូវការប្រដាប់កោរពុកមាត់ប្រើអគ្គិសនី

크놈 뜨러우까 쁘러답 까오 뿍모엇 쁘라어 악끼써니

이 면도기가 제일 좋습니다.

ប្រដាប់កោរពុកមាត់ប្រភេទនេះល្អបំផុត

쁘러답 까오 뿍모엇 쁘러펫 니 르어 범폿

좋아요. 이것으로 하겠습니다.

យល់ព្រមខ្ញុំយកមួយនេះទៅចុះ

유얼쁘롬 크놈 욕 무어이 니 뜨우 쪼

전부 얼마입니까?

ទាំងអស់តំលៃប៉ុន្មាន?

때엉 어 덤라이 뽄만

포장해 주십시오.

ជួយខ្ចប់ឱ្យខ្ញុំផង

쭈어이 크쩝 아오이 크놈 펑

● 화장품점에서

향수, 비누, 그리고 립스틱이 필요합니다.

ខ្ញុំត្រូវការទឹកអប់សាប៊ូ និង ក្រែមលាបមាត់

크놈 뜨러우까 뜩업 싸부 능 끄라엠리업 모엇

이것은 프랑스 향수인데 아주 향기롭습니다.

នេះគឺទឹកអប់បារាំង ក្រអូបណាស់

니 끄 뜩업 바랑 끄러옵 나

큰 병이 얼마입니까?

ដបធំតំលៃប៉ុន្មាន?

덥 톰 덤라이 뽄만

큰 병은 20,000리얼, 작은 병은 10,000리얼입니다.

ដបធំតំលៃ ២០០០០ រៀល ដបតូច ១០០០០ រៀល

덥 톰 덤라이 삐머은 리얼 덥똧 무어이 머은 리얼

작은 병으로 하지요.

យកដបតូចបានហើយ

욕 덥 똧 반 하어이

화장비누

សាប៊ូក្រអូប

싸부 끄러옵

손수건

កន្សែងជូតមុខ

껀쌍엥 쭛 묵

향수

ទឹកអប់

뜩 업

남자

បុរស

뽀로

비누 2장하고 립스틱 한 개 주세요.

សុំសាប៊ូ ពីរដុំ និង ក្រែមមួយដើមផង

쏨 싸부 삐 돔 능 끄라엠 무어이 다임 펑

다른 것 더 안하세요?

របស់ផ្សេងៗទៀតមិនយកទេឬ?

로버 프쎄잉 프쎄잉 띠엇 믄 욕 떼 르

남자 손수건으로 천이 좋은 것 있습니까?

កន្សែងជូតមុខបុរសប្រភេទល្អៗមានទេ?

껀싸엥 쭛 묵 뽀로 쁘러펫 르어 르어 미언 떼

있지요. 여러가지가 있습니다.

មានច្រើនប្រភេទ

미언 쯔라언 쁘러펫

쇼핑

155

작은 것은 3,000리얼 큰 것은 5,000리얼입니다.

កន្រ្យែងតូច ៣០០០ រៀល កន្រ្យែងធំ ៥០០០ រៀល

껀싸엥 똣 비이 뽀언 리얼 껀싸엥 톰 쁘람 뽀언 리얼

● **시장에서**

오늘 닭 한마리에 얼마입니까?

ថ្ងៃនេះមាន់មួយក្បាលតំលៃប៉ុន្មាន?

틍아이 니 모언 무어이 끄발 덤라이 뽄만

한마리에 4,000리얼입니다.

មួយក្បាល ៤០០០ រៀល

무어이 끄발 부언 뽀언 리얼

한마리 살 테니 큰 것으로 골라주세요.

ខ្ញុំទិញមួយក្បាល, រើសអាធំៗឱ្យខ្ញុំផង

크놈 띤 무어이 끄발 러 아 톰 톰 아오이 크놈 펑

이게 어떻습니까? 크고 좋은데요.

មួយនេះយ៉ាងមេ៉ចដែរ? ធំល្អណាស់

무어이 니 양 멫 다에 톰르어 나

바나나는 한송이에 얼마입니까?

ចេកមួយស្និតតំលៃប៉ុន្មាន?

쩨익 무어이 쓰넛 덤라이 쁜만

닭

មាន់

모언

계란

ស៊ុតមាន់

쑷 모언

과일

ផ្លែឈើ

플라에처

야채

បន្លែ

번라에

망고 1킬로에 얼마입니까?

ស្វាយលក់មួយគីឡូប៉ុន្មាន?

쓰와이 루어 무어이 끼로 쁜만

1킬로에 4,000리얼입니다.

មួយគីឡូ ៤០០០ រៀល

무어이 끼로 부언 뽀언 리얼

이 망고가 모두 좋습니까?

ស្វាយនេះល្អគ្រប់ផ្លែទេ?

쓰와이 니 르어 끄룹 플라에 떼

제 과일은 품질을 보증합니다.

ផ្លែឈើរបស់ខ្ញុំជានាគុណភាពល្អ

플라에 처 로버 크놈 티어니어 꾼나피업 아오이

그럼 봉지에 좀 넣어주세요.

អញ្ចឹងជួយដាក់ស្បោងឱ្យផង

언쩡 쭈어이 다 쓰바옹 아오이 펑

8. 우체국

● 우편

중앙우체국이 어디에 있습니까?

ប្រៃសណីយ៍ធំនៅឯណាដែរ?

쁘라이써니 톰 느우 아에 나 다에

무니웡대로에 가야 합니다.

ត្រូវទៅ ឯមហាវិថីព្រះមុនីវង្ស

뜨러우 뜨우 아에 모하위테이 프레아 무니웡

저는 한국에 이 편지를 보내려고 합니다.

ខ្ញុំត្រូវការផ្ញើសំបុត្រមួយច្បាប់នេះទៅកូរ៉េ

크놈 뜨러우 프냐어 썸봇 무어이 쯔밥 니 뜨우 꼬레

등기로 하시겠습니까?

តើត្រូវចុះបញ្ជីដែរឬទេ?

따어 뜨러우 쪼 반찌 다에 르 떼

네, 그리고 속달로 보내주세요.

ហើយខ្ញុំត្រូវការផ្ញើប្រញាប់

하어이 크놈 뜨러우까 프냐어 쁘러압

우체국

ទីកន្លែងប្រៃសណីយ៍

띠 껀라엥 쁘라이써니

빠른편지

សំបុត្រប្រញាប់

썸봇 쁘러압

등기편지

សំបុត្រចុះបញ្ជី

썸봇 쪼 반찌

언제

ពេលណា

뻴나

우선 무게를 달아볼까요?

ខ្ញុំសូមថ្លឹងទំងន់មើលសិន

크놈 쏨 트릉 뚬응우언 멀 썬

1,200리얼 우표를 붙여야겠는데요.

លោកត្រូវបិតតែម ១២០០រៀល

록 뜨러우 벗 따엠 무어이 뽀언 삐 로이 리얼

서울에 언제 도착합니까?

ដល់ទីក្រុង សេអ៊ូលថ្ងៃណា

덜 띠 끄롱 쎄울 틍아이 나

속달은 3일이면 도착합니다.

ផ្ញើប្រញាប់បែបនេះ ៣ថ្ងៃនឹងទៅដល់ហើយ

프나어 쁘라얍 바엡 니 버이 틍아이 능 뜨우 덜 하어이

우표

តែម

따엠

우체통

ប្រអប់សំបុត្រ

쁘러업 썸봇

편지지

ក្រដាសសរសេរសំបុត្រ

끄러다 써쎄이 썸봇

이 창구에서 우표를 팝니까?

បន្ទប់នេះលក់តែមមែនទេ?

번돕 니 루어 따엠 맨 떼

네, 얼마짜리 우표를 드릴까요?

មែនហើយ, លោកត្រូវការតែមតំលៃប៉ុន្មានដែរ?

맨 하어이 록 뜨러우까 따엠 덤라이 뽄만 다에

500리얼짜리 우표 2장 주세요.

សុំតែមតំលៃ ៥០០ រៀលពីរសន្លឹក

쏨 따엠 덤라이 쁘람 로이 리얼 삐 썬륵

우체통이 어디에 있습니까?

ប្រអប់សំបុត្រនៅឯណា

쁘러업 썸봇느우 아에 나

● 전화

여보세요! 위미언 크마에 호텔이지요?

អាឡូ, សណ្ឋាគារវិមានខ្មែរទេ?

알로 썬타끼어 위미언 크마에 떼

네.
មែនហើយ
맨 하어이

잠시만 기다려 주세요.
សូមមេត្តារង់ចាំបន្តិច
쏨 메따 루엉짬 번뗏

여보세요, 김선생님 좀 바꿔주세요.
អាឡូ, សូមជួបលោកគីម បន្តិច
알로 쏨 쭈어이 록 낌 번뗏

전화
ទូរស័ព្ទ
뚜러쌉

공중전화
ទូរស័ព្ទសាធារណៈ
뚜러쌉 싸티어러나

장거리전화
ទូរស័ព្ទផ្លូវឆ្ងាយ
뚜러쌉 플러우 층아이

우체국

국제전화

ទូរស័ព្ទក្រៅប្រទេស

뚜러쌉 끄라우 쁘러떼

안계신데요, 누구신가요?

មិននៅទេ, នរណាកំពុងនិយាយនេះ?

믄 느우 떼 노나 껌뿡 니이어이 니

저는 웃이라고 합니다.

ខ្ញុំវុតនិយាយ

크놈 웃 니이어이

뭐라고 전해드릴까요?

លោកមានការអ្វី?

록 미언 까 어워이

저에게 전화해 달라고 전해주세요.

សូមមេត្តាប្រាប់ឱ្យលោក ទូរស័ព្ទទៅរកខ្ញុំផង

쏨 메따 쁘랍 아오이 록 뚜러쌉 뜨우 록 크놈 펑

제 전화번호는 253-0985입니다.

ទូរស័ព្ទរបស់ខ្ញុំលេខ ២៥៣០៩៨៥

뚜러쌉 로버 크놈 레익 삐로이 하썹 버이 쏜 쁘람부언로이 뺏썹 쁘람

핸드폰

ទូរស័ព្ទដៃ

뚜러쌉다이

전화번호부

សៀវភៅរាយឈ្មោះទូរស័ព្ទ

씨어우프우 리어이츠무어 뚜러쌉

프놈펜

ភ្នំពេញ

프눔뻰

전화요금

តំលៃទូរស័ព្ទ

덤라이 뚜러쌉

웃씨 편안하세요?

លោករុត. សុខសប្បាយជាទេ?

록 웃 쏙쌉바이찌어 떼

잘 지냅니다, 댁에서는요?

សុខសប្បាយទេ. ហើយចុះចំណែកលោកវិញ

쏙쌉바이 떼 하어이 쪼 쩜나엑 록 윈

저도 평안합니다.

ខ្ញុំក៏សុខសប្បាយដែរ

크놈 꺼 쑥쌉바이 다에

김선생님 프놈펜에 언제 오셨습니까?

លោកគីម មកដល់ ភ្នំពេញ នៅពេលណា?

록 낌 목 덜 프눔뻰 느우 뻴 나

온지 2일 되었습니다.

មកដល់ពីរថ្ងៃហើយ

목 덜 삐 퉁아이 하어이

시간이 있다, 한가하다

ទំនេរ

똠네

저녁식사

អាហារល្ងាច

아하 릉이엇

만나다

ជួប

쭈업

어디에

កន្លែងណា

껀라엥 나

오늘 저녁에 시간이 있으세요?

ល្ងាចនេះលោកទំនេរទេ?

릉이엇 니 록 뚬네 떼

있습니다.

ទំនេរ

뚬네

같이 저녁식사 하러 가실까요?

ទៅទទួលទានអាហារល្ងាច ជាមួយខ្ញុំបានទេ?

뜨우 또뚜얼띠언 아하 릉이엇 찌어무어이 크뇨 반 떼

좋아요.

បាន.

반

어디서 만나는게 좋을까요?

ជួបគ្នាត្រង់កន្លែងណា?

쭈업 끄니어 뜨렁 껀라엥 나

오후 2시
ម៉ោង ២រសៀល
마옹 삐로씨얼

알다.
ជ្រាប
쯔리업

모르다.
មិនជ្រាប
믄 쯔리업

시간
ពេល
뻴

어디든 괜찮습니다.
កន្លែងណាក៏បាន
껀라엥 나 꺼 반

그럼 위미언 크마에 호텔에서 만나지요.
អញ្ចឹងជួបគ្នានៅងសណ្ឋាគារវិមានខ្មែរក៏បាន
언쯩 쭈업끄니어 느우 아에 썬타끼어 위미언 크마에 꺼 반

정각 오후 2시에요.

ពេលម៉ោង២រសៀលគត់

쁠 마옹 삐 로씨얼 꾸엇

위미언 크마에 호텔이 어디 있는지 아세요?

លោកដឹងទេថាសណ្ឋាគារវិមានខ្មែរនៅឯណា?

록 덩 떼 타 썬타끼어 위미언 크마에 느우 아에 나

깜뿌찌어끄라옴가에 있습니다.

នៅឯផ្លូវកម្ពុជាក្រោម

느우 아에 플러우 깜뿌찌어 끄라옴

밖에

ខាងក្រៅ

캉 끄라우

나가다.

ចេញក្រៅ

쩬 끄라우

말하다.

និយាយ

니이어이

169

누구, 누가

អ្នកណា

네어 나

통화중입니다.

ខ្សែទូរស័ព្ទមិនទំនេរទេ

크싸에 뚜러쌉 믄 뚬네 떼

끊지마세요.

សូមកុំដាក់ទូរស័ព្ទចុះ

쏨 꼼 다 뚜러쌉 쪼

어디에 전화하시겠습니까?

លោកចង់ទូរស័ព្ទទៅណា?

록 쩡 뚜러쌉 뜨우 나

외출했습니다.

ចេញទៅខាងក្រៅ

쩬 뜨우 캉 끄라우

누구를 바꿔 드릴까요?

លោកចង់និយាយជាមួយអ្នកណា?

록 쩡 니이어이 찌어무어이 네어 나

● 팩스

팩스를 보내고 싶은데, 팩스는 어디에서 보냅니까?

ខ្ញុំចង់ផ្ញើទូរសារ តើមាននៅកន្លែងណាដែរ?

크놈 쩡 프냐어 뚜러싸 따어 미언 느우 껀라엥 나 다에

저쪽에 있는 팩스과에서요.

កន្លែងផ្នែកទូរសារទីនោះ

껀라엥 프나엑 뚜러싸 띠 누

홍콩에 팩스를 보내려고 하는데요.

ខ្ញុំត្រូវការផ្ញើទូរសារទៅហុងកុង

크놈 뜨러우까 프냐어 뚜러싸 뜨우 홍꽁

송료는 얼마입니까?

តំលៃផ្ញើទូរសារប៉ុន្មានដែរ?

덤라이 프냐어 뚜러싸 뽄만 다에

우체국

7. 병원

약국이 어디에 있지요?

ឱសថស្ថាននៅឯណា?

아오싸타싼탄 느우 아에 나

어디가 아프십니까?

អ្នកឈឺអ្វី?

네어 츠 어워이

머리가 아프고 열도 있습니다.

ឈឺក្បាលនិងគ្រុនផង

츠 끄발 능 끄룬 펑

그럼 어서 의사를 찾아 가는게 좋습니다.

អញ្ចឹងលោកគួរប្រញាប់ទៅពេទ្យល្អជាង

언쩡 록 꾸어 쁘러얍 뜨우 뺏 르어 찌엉

어느 병원에 가는게 좋을까요?

តើទៅមន្ទីរពេទ្យណា?

따어 뜨우 무언띠 뺏 나

약국

ឱសថស្ថាន

아오싸타싸탄

의사

គ្រូពេទ្យ

끄루 뺏

병원

មន្ទីរពេទ្យ

무언띠 뺏

두통이 있다.

ឈឺក្បាល

츠 끄발

의사선생님 계십니까?

លោកគ្រូពេទ្យនៅទេ?

록 끄루뺏 느우 떼

계세요.

នៅ

느우

증상이 어떻습니까?

មានអាការយ៉ាងម៉េចដែរ?

미언 아까 양 멪 다에

춥다.

រងារ

롱이어

기침하다.

ក្អក

끄억

덥다.

ក្ដៅ

끄다우

열이 나다.

ក្ដៅខ្លួន

끄다우클루언

독감

ផ្តាសសាយធំ

프다싸이 톰

매우 한기를 느끼고 기침을 좀 합니다.

ខ្ញុំមានអារម្មណ៍រងារណាស់ហើយក្អកបន្តិចបន្តួចផង

크놈 미언 아럼 롱이이어 나 하어이 끄억 번뗏번뚜엇 펑

입좀 벌려보세요.

សូមមេត្តាហាមាត់បន្តិច

쏨 메따 하 모엇 번뗏

열이 높은가요?

ក្តៅខ្លាំងណាស់

끄룬 끄다우 클랑 나

높아요.

ក្តៅខ្លាំង

끄다우 클랑

어젯밤엔 밤새도록 열이 났습니다.

យប់មិញនេះក្តៅខ្លួនពេញមួយយប់តែម្តង

윱 민 니 끄다우 클루언 뻰 무어이 윱 따에 므덩

독감에 걸린 것 같습니다.

ខ្ញុំគិតថាលោកកើតផ្តាស់សាយធំហើយ

크놈 끗 타 록 까엇 프다싸이 톰 하어이

주사를 놓다.

ចាក់ថ្នាំ

짜 트남

식후

ក្រោយអាហារ

끄라오이 아하

식전

មុនអាហារ

문 아하

낫다.

ជា

찌어

주사를 놓고 먹을 약을 주겠습니다.

ខ្ញុំនឹងចាក់ថ្នាំឱ្យ និង ឱ្យថ្នាំទៅទទួលទានផង

크놈 능 짜 트남 아오이 능 아오이트남 뜨우 또뚜얼띠언 펑

이 약은 어떻게 먹습니까?

ថ្នាំនេះទទួលទានយ៉ាងមេ៉ច?

트남 니 또뚜얼띠언 양 멪

매 4시간마다 매회 2정씩 먹습니다.

ថ្នាំនេះទទួលទាន មួយដង ២គ្រាប់
ហើយទទួលទានរាល់បួនមោ៉ងម្ដង

트남 니 또뚜얼띠언 무어이 덩 삐 끄로업 하어이 또뚜얼띠언 로얼 부언 마옹 머덩

내일 또 와야 됩니까?

តើស្បេកនេះខ្ញុំត្រូវមកទៀតទេ?

따어 쓰아엑 니 크놈 뜨러우 목 띠엇 떼

나을 때까지 오셔야 됩니다.

មកររហូតទាល់តែជា

목 로홋 또얼 따에 찌어

아프다.

មិនស្រួល

믄 쓰루얼

진료하다.

ពិនិត្យរោគ

삐닛 록

이를 뽑다.

ដកធ្មេញ

더 트멘

수술하다.

វះកាត់

웨아깟

배가 아픕니다.

ចុកពោះ

쪼 뿌어

이가 아픕니다.

#ឈឺធ្មេញ

츠 트멘

잠을 잘 수 없습니다.

ដេកមិនលក់

데익 믄 루어

식욕이 없습니다.

ឃ្ញអាហារ

툰 아하

눈이 아프다.

ឈឺភ្នែក

츠 프낵

체온을 재다.

វាស់កំដៅ

워아 껌다우

간호사

អ្នកបម្រើអ្នកជំងឺ

네어 범라어 네어 쯤응으

수혈하다.

បញ្ចូលឈាម

번쭐 치엄

혈압을 재다.

វាស់ឈាម

워아 치엄

목이 아픕니다.

ឈឺក

츠 꺼

모기에 물렸습니다.

ត្រូវមូសខាំ

뜨러우 무 캄

저는 구토를 했습니다.

ខ្ញុំក្អួតហើយ

크놈 끄억 하어이

두통약 좀 주십시오.

សុំថ្នាំឈឺក្បាលបន្តិចផង

쏨 트남 츠 끄발 번뗏 펑

저는 감기가 들었습니다.

ខ្ញុំផ្តាសាយ

크놈 프다싸이

10. 도난, 분실

여권을 잃어버렸습니다.

លិខិតឆ្លងដែនបានបាត់ហើយ

리컷츠렁다엔 반 밧 하어이

한국대사관이 어디에 있습니까?

ស្ថានទូតកូរ៉េនៅឯណា?

쓰탄 뚯 꼬레 느우 아에 나

돈지갑을 잃어버렸습니다.

កាបូបលុយបាត់ហើយ

까봅 루이 밧 하어이

경찰서가 어디에 있습니까?

ប៉ុស្តិ៍ប៉ូលីសនៅឯណា?

뽀 뽈리 느우 아에 나

도난 · 분실

시계를 도난 당했습니다.

នាឡិកាត្រូវចោរលួច

니어레까 뜨러우 짜오루엊

돕다

ជួយ

쭈어이

경찰서

ប៉ុស្តិ៍ប៉ូលីស

뽀 뽈리

대사관

ស្ថានទូត

쓰탄 뚯

가방

កាបូប

까봅

도와주세요! 도와주세요!

ជួយផង។

쭈어이 펑 쭈어이 펑

불이야!
ភ្លើងឆេះ
플렁 체

도둑이야!
ចោរ
짜오

조심해요.
ប្រយ័ត្ន
쁘러얏

저좀 도와주세요.
សូមមេត្តាជួយខ្ញុំផង
쏨 메따 쭈어이 크놈 펑

11. 교통사고

여행가방

កាបូបធ្វើដំណើរ

까볽 트워 덤나어

사고

ឧប្បត្តិហេតុ

읍빠떼하엣

빨리빨리!

លឿនៗ

르언 르언

잠깐만

ឈប់សិន

춥썬

제 여행가방이 한 개 분실됐어요.

កាបូបធ្វើដំណើររបស់ខ្ញុំបាត់អស់មួយ

까봅 트워 덤나어 로버 크놈 밧 어 무어이

사고가 났어요.

ខ្ញុំជួបឧប្បត្តិហេតុ

크놈 쭈업 웁빠떼하엣

제가 뭐 좀 도와드릴까요?

តើឱ្យខ្ញុំជួយអ្វីទេ?

따어 아오이 크놈 쭈어이 어워이 떼

당신을 돕게 되어 기쁩니다.

ខ្ញុំរីករាយនឹងជួយអ្នកណាស់

크놈 릭리어이 능 주어이 네어 나

택시가 나를 치고 달아났습니다.

រថយន្តតាក់ស៊ីបុកខ្ញុំហើយរត់បាត់ទៅ

루엇유언 딱씨 복 크놈 하어이 롯 밧 뜨우

발목이 아파 걸을 수 없습니다.

ឈឺកជើងដើរមិនរួចទេបាទ

츠 꺼 쩡 다어 믄 루엇 떼 밧

그러면, 제가 병원으로 가도록 도와드릴까요?

អញ្ចឹងខ្ញុំនឹងជួយនាំអ្នកទៅមន្ទីរពេទ្យ

인찡 크놈 능 쭈어이노엄 네어 뜨우 무언 띠 뺏

제가 구급차를 불러 드릴께요.

ខ្ញុំនឹងជួយហៅឡានពេទ្យអោយលោក

크놈 능 쭈어이 하우 란 뺏 아오이 록

교통사고

도서목록

4주완성 독학 영어 첫걸음	다모아 답에타(단어장)
지구촌 영어 첫걸음	일석오조(영단어)
영어회화 고민 이제 끝냅시다! I	이것이 토종 미국 영어다
영어회화 고민 이제 끝냅시다! II	미국 영어가 보인다
아낌없이 주는 영어	영작문 패턴으로 따라잡기
비즈니스 영어	Toefl Writing Master - class
입에 술술 붙는 영단어	Harvard Vocabulary
헷갈리는 영어 잡아먹기	미국 영어 회화
톡톡튀는 신세대 영어 표현	영어명문 30선
패턴의 원리를 알면 영어가 보인다	쉬운 영어, 쉬운 일본어-청춘
간편한 여행 영어 회화	쉬운 영어, 쉬운 일본어-정열
여행자를 위한 지구촌 영어 회화	쉬운 영어, 쉬운 일본어-도약
눈으로 느끼고 가슴으로 읽는 영어	4주완성 독학 일본어 첫걸음
말장난으로 하는 영단어 DDR	지구촌 일본어 첫걸음
1000만인 관광 영어 회화	실용 일본어 회화
영문 편지 쓰는 법	배낭 일본어
영어 왜 포기해!	1000만인 관광 일본어 회화
우리아이 영어와 재미있게 놀기 영어 교사를 위한 영어학	일본어 단어장
	편리한 회화 수첩
영어 커뮤니케이션 가이드	일본여행 110
영어가 제일 쉬웠어요	일본어 일기
	김영진 일본어 문법 핵심 정리

꿩먹고 알먹는 일본어 첫걸음	실용 서반어 회화
꿩먹고 알먹는 일본어 회화 첫걸음	교양 스페인어
김영진과 함께 떠나는 여행 일본어 회화	지구촌 이태리어 첫걸음
일본어 급소 찌르기	여행필수 이탈리아어 회화
노래로 배우는 일본어 1	영어대조 이탈리아어 회화 (개정판)
노래로 배우는 일본어 2	노래로 배우는 이탈리아어 (2개)
4주완성 독학 중국어 첫걸음	쉽게 배우는 이타리아어 1
실용 중국어 회화	지구촌 독일어 첫걸음
여행필수 중국어 회화	실용 독일어 회화
영어대조 중국어 회화	여행필수 독일어 회화
최신 중국어법 노트	배낭 독일어
4주완성 독학 프랑스어 첫걸음	독일어 편지 쓰기
여행필수 프랑스어 회화	영어대조 독일어 회화 (개정판)
영어대조 프랑스어 회화	독일어 무역 통신문
프랑스어 편지 쓰기	PNdS독해평가
노래로 배우는 프랑스어 (1개)	PNdS청취평가 구두시험
샹송으로 배우는 프랑스어 (2개)	PNdS핵심 독문법
리듬테마로 배우는 프랑스어	최신 독일어
성경으로 배우는 프랑스어	독일어 문법과 연습
4주완성 독학 스페인어 첫걸음	노래로 배우는 독일어 (1개)
영어대조 스페인어 회화 (개정판)	수능 독일어
노래로 배우는 스페인어 (1개)	배낭 유럽어

대학생을 위한 활용 독일어 I (3개)	여행필수 폴란드어 회화
성경으로 배우는 독일어	여행필수 크로아티아어 회화
대학생을 위한 활용 독일어 II (3개)	여행필수 루마니아어 회화
4주완성 독학 러시아어 첫걸음	여행필수 스웨덴어 회화
한국인을 위한 러시아어 첫걸음	여행필수 몽골어 회화
여행필수 러시아어 회화	6개국어 회화
영어대조 러시아어 회화	4개국어 회화
표준 러시아어	영어대조 태국어 회화
표준 러시아어 회화	쉽게 배우는 브라질 · 포르투갈어
최신 러시아어 문법	시사 이란어
러시아어 펜맨십 강좌	기초 네덜란드어
노브이 러시아어	알기 쉬운 이란어 쓰기
노래로 배우는 러시아어	Speaking Korean (46판)
실용 아랍어 회화	Speaking Korean (포켓판)
여행필수 베트남어 회화	스페인을 위한 한국어 회화
여행필수 태국어 회화	러시아인을 위한 한국어 회화
여행필수 말레이 · 인도네시아어 회화	프랑스인을 위한 한국어 회화
여행필수 포르투갈어 회화	독일인을 위한 한국어 회화
여행필수 네덜란드어 회화	브라질,포르투갈인을 위한 한국어 회화
여행필수 터키어 회화	중국인을 위한 한국어 회화
여행필수 이란어 회화	한국어 4주간
여행필수 브라질 · 포르투갈어 회화	실용 한국어 회화 활용 한국어 회화

한국어 왕래	개러시아인을 위한 한국어 회화 2
한러사전	개영어대조 프랑스어 회화 3개
러한사전	영어대조 독일어 회화 3개
러한 한러 합본사전	영어대조 태국어 회화 3개
학습 노한 사전	여행필수 베트남어 회화 3개
노노대사전	여행필수 인도네시아어 회화 2개
약어로 익히는 러시아어 사전	여행필수 태국어 회화 2개
한이 사전	영어대조 스페인어 회화 3개
독한 입문 사전	성경으로 배우는 독일어 3개
한자 요결 사전	계몽사조에서 마르크스 주의까지
서한사전	중국 그리고 실크로드
한·인니 사전	블라지미르 지리노프스끼 그는 누구인가?
영어회화 고민 이제 끝냅시다! I 3개	러시아를 알려면 지리노프스끼를 보라
영어회화 고민 이제 끝냅시다! II 2개	러시아 정치 사상사
한국인을 위한 러시아어 첫걸음 4	번역의 기초 이론